V. St. Johann
2/49

Teresa von Ávila

P. Antonio
Sagardoy

Teresa
von Ávila

Trotzdem liebe ich
die Kirche

styria premium

ISBN 978-3-222-13464-7

sty⟨ria⟩

Wien – Graz – Klagenfurt
© 2014 by *Styria premium* in der
Verlagsgruppe Styria GmbH & Co KG
Alle Rechte vorbehalten.

Bücher aus der Verlagsgruppe Styria gibt es
in jeder Buchhandlung und im Online-Shop

styriabooks.at

Fotos: Antonio Sagardoy
Covergestaltung: Bruno Wegscheider
Coverbild: Navia/Agence Vu/picturedesk.com (Brief), akg-images/
picturedesk.com (Porträt: P. P. Rubens, Die hl. Teresa von Ávila)

Druck und Bindung:
Druckerei Theiss GmbH, St. Stefan im Lavanttal
7 6 5 4 3 2 1
Printed in Austria

Inhalt

Vorwort

Ein Jubiläumsjahr – wie in diesem Fall der 500. Geburtstag der Teresa von Ávila – ist stets Anlass für Publikationen und Events. Es ist jedoch nicht meine Absicht, bloß eine Publikation mehr zu kreieren, sondern es ist mir vielmehr ein Bedürfnis, die Liebe zur Kirche bei Teresa von Ávila zu unterstreichen. Die Aktualität des Themas ist nicht zu leugnen: In den letzten Jahren sind wir mit problematischen Seiten des kirchlichen Lebens konfrontiert, die Gestalt von Papst Franziskus lässt aber auch in vielen Menschen neues Vertrauen zur Kirche entstehen.

Viele unangenehme Situationen hat Teresa als Frau und Mystikerin mit Vertretern der Kirche erlebt, es war ihr trotzdem ein Anliegen, Teil der Kirche zu bleiben: Obwohl ihre mystischen Erfahrungen von einigen Klerikern und Theologen nicht verstanden wurden, bekannte sie sich immer wieder zur Kirche.

Der Begriff *Trotzdem* im Titel dieses Buchs macht auf all jene Hindernisse und Schwierigkeiten aufmerksam, die zu überwinden sind oder bereits überwunden wurden. Wenn wir an Teresa von Ávila denken und uns mit ihr beschäftigen, entdecken wir in ihrem Leben eine Anzahl von Situationen, die das Bild der Kirche (der Menschen der Kirche) nicht positiv erscheinen lassen, obwohl am Ende dieser Überlegungen und Erlebnisse nicht die negative Erfahrung, sondern die Liebe Teresas zur Kirche im Vordergrund steht.

Heute – auf der Suche nach einer sinnvollen Lebensgestaltung – wächst in vielen Menschen der Wunsch nach authentischen Erfahrungen, die ein Mensch gemacht hat und von denen er berichtet, ohne sich dabei in den Mittelpunkt zu stellen. Wir haben vor uns eine Teresa von Ávila, die nicht darauf achtet, was sie schreiben darf, um nicht anzuecken oder um gut anzukommen, wir sehen vielmehr eine Frau, Ordensfrau und Gründerin, die ihre Ängste, Hoffnungen, Enttäuschungen, Beobachtungen und Gotteserfahrungen mit Intelligenz und Ehrlichkeit beschreibt.

Die Titel der einzelnen Kapitel in diesem Buch zeigen bereits, dass es sich nicht um eine Biographie im engeren Sinn, sondern um eine Darstellung von Situationen handelt, die von Teresa viel Mut und Ausdauer verlangen, Schritte, die nur aus der persönlichen Verbindung mit Christus zu verstehen sind: Reibungsthemen mit den Männern der Kirche, das familiäre Umfeld, Eifersuchtsmomente in der eigenen Ordensgemeinschaft, menschliche Unzulänglichkeit etwa. Diese Erfahrungen lassen sich nicht immer chronologisch ordnen, da sie in den verschiedenen Phasen des Lebens von Teresa immer wieder auftreten. Die folgenden Seiten sind also der Versuch, die innere Kraft der spanischen Mystikerin ans Licht zu bringen, die trotz Inquisition, Verleumdungen und Schwierigkeiten ihr Leben der Erneuerung der Kirche durch die Pflege des Gebets als freundschaftliche Beziehung zu Gott gewidmet hat.

Die Begegnung mit einzelnen Berichten aus ihren Schriften wird für uns zu einer großen Entdeckung: Wir sehen einen Menschen mitten in Konfliktsituationen und Schwierigkeiten des Lebens, der sich trotzdem auf einen Weg mit Gott einlässt und uns zeigt, wie man mit den eigenen Grenzen und mit den Grenzen der Kirche zurechtkommt: Schweigen und Sprechen, Beten und Handeln sind bei Teresa Ausdrucksformen ihrer Gehorsamshaltung.

Wir entdecken die Größe eines Menschen, der hellhörig ist für Gottes Impulse und sich von den Hindernissen nicht ablenken lässt, weil er sich selbst vergisst und nur den Dienst an Gott inmitten dieser zerrissenen Kirche sucht. In verschiedenen Momenten ihres Lebens werden wir erkennen können, dass die innere Kraft von Teresa viel stärker ist als die Schwierigkeiten, die sie auf ihrem Weg vorgefunden hat.

Wir wollen negative Erfahrungen mit frommen und nicht so frommen Vertretern der Kirche nicht bagatellisieren, auch wenn wir im Nachhinein sagen können, dass Teresa im Namen Gottes Mauern und Schwierigkeiten überwinden konnte. Denn eine genaue Lektüre ihrer Bücher und Briefe lässt uns Schritt für Schritt staunen und jene Frau bewundern, die am Ende ihres Lebens trotz Konflikten mit der Inquisition sagen kann: *Ich sterbe als Tochter der Kirche.*

Teresas Berichte betonen in aller Offenheit: Es handelt sich – sowohl im mystischen Leben Teresas als auch in ihrer Tätigkeit als Schriftstellerin und Ordensgründerin – um das Werk Gottes, auch wenn er sich dabei der Mitarbeit eines Menschen bedient. Dieser Mensch, der Teresa heißt, betont immer wieder die eigene Unzulänglichkeit, damit das Wirken Gottes stärker zum Vorschein kommt: Nicht das Werkzeug ist das Wichtigste, sondern die Hand des Künstlers, der mit dem Werkzeug Großes tun kann.

P. Antonio Sagardoy OCD

Die Kirche Teresas

Die Stadtmauer von Ávila ist eine der Sehenswürdigkeiten, die Touristen noch heute bewundern, weil sie in ihrer ganzen Länge erhalten ist. Mit Leichtigkeit überwindet das Kind Teresa diese Mauer, als sie mit einem ihrer Brüder das Vaterhaus verlässt, um ins Land der Mauren zu ziehen. Nicht so leicht ist es jedoch für sie, andere Mauern zu überwinden: die Vorurteile der Gesellschaft und der Kirche gegenüber dem meditativen Gebet der Frauen. Hindernisse können den Körper oder den Geist des Menschen betreffen, sie können für unsere Augen sichtbar oder unsichtbar sein. Jede Gesellschaft hat ihre Gesetze und Normen. Wer sich dagegenstellt, wird bald die Härte dieser Macht zu spüren bekommen: Er wird übersehen, weggeschoben, angegriffen, ignoriert, verfolgt, vernichtet ...

Teresa und die Kirche

Teresa von Ávila ist kein spekulativ träumender Mensch, sie hat vielmehr einen scharfen Blick für das Konkrete. Sie bejaht und akzeptiert den institutionellen kirchlichen Rahmen und anerkennt keine Gründe, weder praktischer noch mystischer Natur, die diesen Rahmen infrage stellen.

Eine oberflächliche Begegnung mit einem Menschen ermöglicht uns nur eine einseitige Sicht auf diesen Menschen.

Ein bloßes Zitieren aus den Schriften der hl. Teresa über die Kirche würde uns – je nachdem – ein Bild der gehorsamen Beziehung und der Dankbarkeit gegenüber der Kirche oder aber ein Bild voll von Spannungen und Konflikten zeigen. Beide Bilder wären verstümmelt und einseitig.

Wiederholt sieht sich Teresa mit harten und unverständlichen Reaktionen seitens mancher Kleriker konfrontiert, im eigenen Orden wird sie verdächtigt, gedemütigt, verleumdet ... Doch dies ist nur die eine Seite der Medaille. Man darf positive Stimmen aus klerikalen Kreisen nicht verschweigen: Bischof Álvaro de Mendoza ist ein großer Förderer des Werkes von Teresa. Bischof Velázquez und viele Theologen unterstützen Teresa und ihr Vorhaben.

Weithin bekannt ist die Bereitschaft Teresas, für jede Wahrheit des Glaubens oder der Heiligen Schrift – auch wenn es sich nur um eine Zeremonie handelt – *tausend Tode zu sterben* (V 33,5). Und wem ist nicht ihr Aufruf zu Ohren gekommen, der Kirche in der Not, die sie heutzutage durchmacht, zu dienen?

Diese Gedanken lassen uns mit Freude die Liebe Teresas zur Kirche feststellen, doch dürfen wir den Kreuzweg, den sie aus Liebe zu dieser Kirche gegangen ist, nicht verschweigen.

Das Bild der Kirche

Das Kirchenverständnis zur Zeit Teresas ist ganz anders als unser heutiges. „Volk Gottes" ist noch ein fremder Begriff, die Macht der Hierarchie ist deutlich zu spüren und die Vorstellung von einer universalen Kirche existiert nicht im heutigen Sinn. Damals, im 16. Jahrhundert, prägen mehrere große Themen das Bild der Kirche in Spanien: die Mauren, die Andersgläubigen Südamerikas, die Kirchenspaltung in Europa, die Juden, das Konzil von Trient, die Bewegung der Unbeschuhten ...

Schon seit ihrer Kindheit steht Teresa etwa direkt oder indirekt mit dem Islam in Kontakt. In der *Autobiographie* schreibt sie: *Mein Bruder und ich überlegten, ins Land der Mauren zu ziehen und dort den Tod für Christus zu erleiden.* (Go 16) Aus diesen Worten hört man sowohl den Wunsch des Kindes Teresa, eine Märtyrerin zu werden, als auch die Tatsache, dass ein Teil der spanischen Gesellschaft dem Islam feindlich gegenübersteht. 700 Jahre sind die Mauren in Spanien gewesen – abhängig von zeitlichen und örtlichen Gegebenheiten hat es sowohl eindeutig negative Beziehungen als auch ein friedliches Zusammenleben von Christen, Juden und Moslems sowie fruchtbare Zusammenarbeit gegeben. Großartige Bauwerke und viele wissenschaftliche Arbeiten, die heute noch in zahlreichen Bibliotheken zu finden sind, geben davon Zeugnis. Nach dem Sieg der Katholischen Könige in Granada im Jahr 1492 müssen die Mauren jedoch das Land verlassen.

Da alle ihre Brüder nach Südamerika ausgewandert sind, geht auch die Situation der dort lebenden Menschen an Teresa nicht spurlos vorüber. Lange Zeit hat sie geglaubt, dass jene, die nach West-Indien fahren, Gesandte der Kirche und Märtyreranwärter seien. Doch eines Tages sieht sie sich gezwungen, ihre Meinung zu ändern.

Zudem kursieren schreckliche und oft nicht ganz wahrheitsgetreue Berichte aus dem übrigen Europa in Spanien. Speziell die Frauenklöster erreichen oft verfälschte und vielfach gefilterte Nachrichten, zum Beispiel über Martin Luther, die Calvinisten, die Hugenotten etc. In Medina del Campo, wo Teresa ein Kloster gründet, erfährt sie von all den Konflikten und Glaubensproblemen – ist dieser Ort doch ein europäisches Zentrum für allerlei Geschäfte geworden.

Das Judentum ist für Teresa keine unbekannte Religion, schon aufgrund ihrer Abstammung (TE); sie vermeidet es aber, über dieses Thema zu sprechen und zu schreiben. Bei den Seligsprechungsprozessen betonen manche Zeugen, Teresa sei von guten christlichen Eltern erzogen. Alonso Cortés macht aber in seinem 1946 veröffentlichten Artikel *Rechtsstreit der Cepedas* (AC) darauf aufmerksam, dass Teresas Großvater und dessen Söhne Juden waren.

Zum kirchlichen Bild dieser Zeit gehören schließlich auch die Reformationsbewegung des Ordenslebens und die Inquisition mit ihren Prozessen und ihrem Bücherverbot. Teresa leidet unter dem Verbot, Bücher in der Muttersprache zu lesen, wie sie in ihrer *Autobiographie* schreibt: *Als viele in der Volkssprache geschriebene Bücher weggenommen wurden, damit sie nicht mehr gelesen würden, litt ich sehr darunter, denn es verschaffte mir Erholung, manche von ihnen zu lesen, aber das konnte ich nun nicht mehr, weil man sie nur noch auf Latein zuließ.* (V 26,5) In ihrer Schrift *Weg der Vollkommenheit* ermutigt sie ihre Schwestern, nicht zu resignieren und sich beim Beten an den Inhalt des Vaterunsers zu halten. In ihren Worten hört man leise ihre Kritik: *Auch wenn sie euch einige Bücher wegnehmen, dieses eine Buch – das Vaterunser – werden sie nicht nehmen, gesprochen durch den Mund unseres Meisters.* (C 21,9)

Eine Frau

Das 16. Jahrhundert ist keine leichte Zeit für die Frauen in der Kirche. Besonders fromme, das innere Gebet praktizierende Frauen haben große Schwierigkeiten. Wiederholt entdecken wir ihnen gegenüber Verachtung und Spott seitens mächtiger Kirchenmänner.

Aus dieser Zeit stammt ein Satz, den auch das Volk auf der Straße wiederholt: *Die Frauen sollen am Spinnrad sitzen, den Rosenkranz beten und sich um keine weitere Andachtsübung kümmern.* (DDO) Mir gefällt dieser Satz, weil zwischen den Zeilen etwas Interessantes zu hören ist: Spinnen und Rosenkranzbeten gelten als Gegenstück zum meditativen Gebet und zur innerlichen Begegnung mit Gott, so wird es hier festgehalten. Dieser Satz dürfte zu den bekanntesten Sprüchen gehören, die kursieren, um den Frauen ihren Platz zu zeigen. Auch Teresa verwendet in ihren Schriften die Formulierung *am Spinnrad sitzen und arbeiten,* allerdings nicht, um den Spott über die Frauen zu unterstreichen, sondern im Zusammenhang mit Handarbeit und klösterlicher Tätigkeit, die zum Unterhalt der Schwestern beitragen sollen.

Es genügt also gemäß der damaligen Kirchenmeinung, wenn Frauen mündlich – den Rosenkranz – beten, Meditieren ist eine Gebetsform, die ihnen nicht zur Verfügung steht. Man hört hier sehr deutlich die „hohe" Meinung, die in der Kirche über den Wert der Meditation von Frauen in dieser Zeit herrscht. Der Großinquisitor Valdés wagt (damals ist es kein Wagnis, sondern eher die offizielle und einzig richtige Meinung), mit großer Verachtung die Werke und die Lehre über das meditative Gebet von P. Luis de Granada mit den Worten zu verurteilen, dass es sich um Dinge der Kontemplation für Tischlerfrauen handle. (DDO 106) Eine beleidigende Bemerkung, wenn man den guten Ruf von P. Granada vor Augen hat, der bei Weitem keine niveaulosen Schriften verfasst hat.

Teresa aber akzeptiert diese kulturelle Einengung der Frau nicht. Sie wehrt sich sehr vehement gegen die Geringschätzung des mündliches Gebetes (es ist eine Sache von Frauen) und gegen die Verachtung des meditativen Gebetes der Frauen: Sie betont auf der einen Seite, dass das mündliche Gebet für manche Menschen der Weg zu hohen mystischen Stufen sein kann, und auf der anderen Seite gründet sie eine Ordensgemeinschaft, die das innere, meditative Gebet als wesentliches Merkmal ihrer Tagesordnung pflegt.

Teresa gehört also einer Gesellschaft und einer Kirche an, in der eine Frau nicht viel zu sagen hat. Profane und kirchliche Texte betonen den nachgereihten Platz der Frau. Es genügt, sich an einige weitere Aussagen zu erinnern, um zu zeigen, dass in der Gesellschaft und in der Kirche eine starke antifeministische Haltung sichtbar ist. Francisco de Osuna etwa – ein bekannter Franziskaner, Autor spiritueller Bücher, darunter das *Dritte ABC,* das

Teresa gerne gelesen hat – hält sehr wenig von Wall-
fahrten und Andachtsübungen von Frauen: Es sei besser, wenn sie im Haus eingesperrt blieben. Vielsagend ist
auch das Zeugnis eines anderen bekannten Theologen:
Pater Domingo Báñez berichtet bei den Seligsprechungsprozessen von Teresa, dass ein Mitglied seines Ordens,
der berühmte Magister Juan de Salinas, ihm eines Tages
gesagt habe: *Wer ist diese gewisse Teresa von Jesus, von der
man mir sagt, dass sie Euch sehr ergeben sei? Man darf der
Tugend von Frauen nicht trauen.* (GA 217)
Es wird also nicht nur Misstrauen den Frauen gegenüber
verbreitet, sondern diese Haltung auch sogar mit einseitigen theologischen Argumenten begründet.

Ein rotes Tuch

Eine Stelle aus dem Evangelium ist mir in den Sinn gekommen. Die Jünger sagen zu Jesus: *Wir haben ihm verboten [...], weil er nicht zu uns gehört.* (Mk 9,38) In der
Kirche Spaniens hat man in der Praxis dieses Wort um-
gewandelt und einfach gesagt: Wir haben ihr verboten zu
meditieren, weil sie eine Frau ist.
Teresa ist sich bewusst, dass die Zeiten „hart und gefährlich" sind.
Doch wer kann ihre Sehnsucht nach Gott bremsen?
Wer kann ihr verbieten, die Nähe des Herrn zu suchen?
Wer kann sie daran hindern, den Weg des Gebetes zu
gehen?
Es wird ein Weg der Freundschaft und des vertraulichen

Umgangs mit Gott, denn für Teresa ist inneres Gebet nichts anderes als ein freundschaftliches Gespräch, in dem wir oft und allein mit dem zusammenkommen, von dem wir wissen, dass er uns liebt.

Wie gefährlich die Zeiten sind, zeigt sich auch an Teresas Schriften selbst: Texte aus dem Buch *Weg der Vollkommenheit* werden von der Inquisition oder von ihr nahestehenden Theologen zensuriert. Es gibt zwei Manuskripte dieses Buches: Das neue Manuskript befindet sich im Karmel von Valladolid, während das erste – mit Korrekturen und durchgestrichenen Sätzen – in der Bibliothek von El Escorial zu sehen ist: dem Kloster, das Philipp II. in Erinnerung an den Sieg in Saint Quintin erbauen ließ. (DEU, Escorial) *Wie gerne würde ich meine Stimme erheben und – als die, die ich bin – mit denen diskutieren, die sagen, dass betrachtendes Gebet nicht nötig sei.* (CE 37,2)

Das erste Manuskript schreibt Teresa in der Absicht, ihren Schwestern einen Rahmen zu zeigen, wie sie mit Gott im Gebet umgehen sollen. Das Gebet, vor allem das meditative Gebet der Frauen, ist jedoch ein rotes Tuch in den Augen mancher Theologen und Kleriker. So wird der folgende Abschnitt von ihnen gestrichen und fehlt in der zweiten Fassung: *Reicht es noch nicht, Herr, dass uns [Frauen] die Welt einpfercht [...], dass wir für Euch in der Öffentlichkeit nichts Taugliches tun noch wagen, einige Wahrheiten zu sagen, die wir im Stillen beweinen, als dass Ihr eine so gerechte Bitte nicht erhören müsstet? Nein, Herr, das glaube ich nicht, bei Eurer Güte und Gerechtigkeit, denn Ihr seid ein gerechter Richter und nicht wie die Richter dieser Welt, die Söhne Adams und zudem alle Männer sind und die auch nicht eine Tugend einer Frau für nicht verdächtig halten. Gewiss, es wird einen Tag geben, mein König, an dem alle es erkennen. Ich spreche nicht für mich, denn die Welt kennt meine Schlechtigkeit bereits, und ich freue mich, dass sie bekannt ist, sondern ich sage das, weil ich die Zeiten so sehe, dass es nicht recht ist, nach Tugend strebende und starke Gemüter zu verachten, auch wenn es Frauen sind.* (CE 4,1)

Interessant ist hier der Inhalt: Jesus hat bei den Frauen genauso viel Liebe und mehr Glauben gefunden als bei den Männern; die Welt hat verhindert, dass die Frauen öffentlich für Christus auftreten; die Männer der Kirche halten jede Tugend von Frauen für verdächtig. In den Augen der kirchlichen Gremien ist dies eine ungerechtfertigte Kritik, die nicht laut geäußert werden darf.

In Ávila sagt Papst Johannes Paul II. bei seiner Predigt am 1. November 1982: *Wie oft hat Teresa jene Szenen aus den Evangelien betrachtet, die von Worten Jesu an Frauen berichten. Welch große innere Freiheit hat ihr gebracht – in Zeiten eines geprägten Antifeminismus – die wohlwollende Haltung Jesu gegenüber Maria Magdalena, Martha und Maria von Bethanien, der Kananäerin und der Samariterin, Frauen, die Teresa in ihren Schriften mehrmals erwähnt.* (AAS 75, 254) Der Papst erinnert an jenen Satz Teresas in *Weg der Vollkommenheit: Du, Herr meiner Seele, dir hat vor den Frauen nicht gegraut, als du durch diese Welt zogst, im Gegenteil, du hast sie immer mit großem Mitgefühl bevorzugt [...]* (CE 4,1)

In dieser Kirche lebt Teresa: Der äußere Druck, die Abwertung der Frauen, die Negation der Fähigkeit der Frauen, sich dem kontemplativen Gebet zu widmen, sind ihr tägliches Brot.

Gottes Verhalten

Zu den tiefen Erfahrungen Teresas gehört die Überzeugung, dass Gott uns Menschen mit anderen Augen sieht als die Herren der Inquisition und der Kirche. Man gewinnt beim Lesen ihrer Schriften den Eindruck, dass sie zu behaupten wagt, dass die Frauen in der Beziehung zu Gott den Männern nicht nachstehen, sondern dass sie bessere Chancen haben als die Männer: *Und es gibt viel mehr Frauen als Männer, denen der Herr diese Gnaden erweist; das habe ich vom heiligen Fray Pedro de Alcántara gehört (und außerdem selbst beobachtet), denn er sagte, dass diese auf diesem Weg viel besser vorankämen als Männer. Dafür gab er auch ausgezeichnete Gründe an, die nicht hierher gehören und alle zugunsten der Frauen sprechen.* (V 40,8)

An der Hand Gottes weiß sich die Heilige sicher – auch inmitten einer frauenfeindlichen Umgebung: Egal, welche Schwierigkeiten, Verfolgungen oder Bedrängnisse auftreten, egal, wie viel Unverständnis ihr *entgegengebracht wird, sie weiß sich in Gott geborgen. Mögen alle Gelehrten sich gegen mich erheben,* schreibt Teresa in ihrer *Autobiographie, mögen alle Geschöpfe mich verfolgen und die Teufel mich peinigen: Du, o Herr, verlässt mich nicht.*

Aus Erfahrung weiß ich, welchen Gewinn es bedeutet, auf Dich allein zu vertrauen. (V 25,15)

Es ist nicht immer leicht, in Worte zu fassen, was man mit Gott oder wie man ihn erfahren hat. Dieses Bekenntnis Teresas ist eine Einladung, nicht nur heute, sondern auch morgen mit Gott zu rechnen. Denn Gott verlässt Teresa nicht. Diese Überzeugung gibt ihr Kraft, sich auf die Impulse des Geistes einzulassen.

Eine starke Frau

Eine tüchtige Frau, wer kann sie finden?, fragt die Bibel (Spr 31,10). Während diese Stelle aus dem *Buch der Sprichwörter* die Vorteile einer tüchtigen Frau besingt, finden wir in der Kirche den Satz *mulier taceat in ecclesia* (1 Kor 14,34) – die Frau soll in der Kirche (Gemeinde) schweigen – häufiger zitiert. Dieses Wort hat die existierende Spannung zwischen den Geschlechtern nicht ausgeglichen, sondern die eher negative Haltung gegenüber der Frau im kirchlichen Bereich stark beeinflusst und den Abbau derselben massiv gebremst. Dies erkennt man etwa auch daran, dass Teresa erst am 27. September 1970 durch das Apostolische Schreiben *Multiformis Sapientia Dei* (MSD) als erste Frau in der Geschichte von Papst Paul VI. zur Kirchenlehrerin ernannt wird (eine Woche vor Katharina von Siena). Die Universität von Salamanca hat Teresa zuvor bereits am 4. März 1922 per Dekret zum Doctor honoris causa ernannt, das feierlich in Anwesenheit der spanischen Könige am 6. Oktober 1922 promulgiert wurde. (RML 102)

Die große Teresa

Der Name Teresa – nicht immer einheitlich geschrieben – ist keine Seltenheit im liturgischen Kalender. Vielfach wird von der „kleinen" und von der „großen" Theresia gesprochen. Ohne die Person zu idealisieren, schenken wir hier die Aufmerksamkeit der großen Teresa von Ávila, ohne die kleine Thérèse von Lisieux gering zu achten; sie beide sind Kirchenlehrerinnen.

Ja, Teresa ist eine große und reich begnadete Mystikerin,
sie hat wertvolle Schriften verfasst,
sie hat den teresianischen Karmel gegründet,
sie ist als erste Frau zur Kirchenlehrerin ernannt worden.

Bei der Ansprache anlässlich der Ernennung zur Kirchenlehrerin sagt Papst Paul VI.: *Kirchenlehrer: Dieser Titel wirft zunächst sein Licht auf Teresa. Er lässt ihre Werte in neuem Licht erstrahlen, Werte, an denen an sich niemand zweifelt, die ihr schon in vollem Maße zuerkannt waren.* (Ephem. Carm. 505, 506)
Aber auch große Persönlichkeiten sind nicht frei von Begrenzungen und Schattenseiten, die es zu akzeptieren und zu überwinden gilt. Teresa ist kein Übermensch, sie ist sehr begabt und von Gott begnadet; sie bleibt aber ein Mensch. Als von Gott Verwöhnte stellt sie sich ihm ganz zur Verfügung. Doch bei der Verwirklichung ihrer Hingabe erlebt sie – wie wir alle – die Grenzen des Menschseins, die Grenzen ihrer Zeit und die Grenzen der Institution Kirche. So ist es sinnvoll und notwendig, Teresa im Rahmen von Kirche und Gesellschaft ihrer Zeit zu sehen. Die Erinnerung an Teresas Haltung – trotz Hindernissen Mauern zu überspringen – lässt uns an eine kerngesunde Frau denken. Die große Mystikerin sieht die Situation an-

ders: Gott hilft ihr. Er gibt ihr Kraft, auf den Füßen zu stehen, obwohl sie sich, von Schmerzen gequält, am liebsten hinlegen würde. Körperliche und seelische Schmerzen, Verlassenheit und Kummer, Einsamkeit und Sorgen plagen öfter das Leben der Mutter Gründerin. Es ist kaum zu glauben: Teresa, die starke und tüchtige Frau, soll zeitlebens kränklich gewesen sein, wie sie selbst schreibt: *Bei diesen Gründungsberichten erwähne ich nicht die großen Unannehmlichkeiten der Reisen: Manchmal hörte es den ganzen Tag nicht auf zu schneien, gelegentlich kamen wir vom Weg ab oder es plagten uns schwere Krankheiten und Fieber. Normalerweise ist es ja – Gott sei Dank – so, dass ich eine schwache Gesundheit habe.* (F 18,4)

Doch weder Krankheiten noch Fieber können den inneren Drang Teresas bremsen, sich für die Kirche einzusetzen. Ihre Sehnsucht, der Kirche behilflich zu sein, ist so groß, dass sie im Nachwort zum Buch *Seelenburg* die Schwestern ersucht, auch nach ihrem Tod, wenn sie das Buch lesen, in ihrem Namen *Gott um das Wachstum der Kirche zu bitten.* (M, Nachwort 4)

Es beginnt in Ávila

Die Zeitspanne allein, in der ein Mensch lebt, sagt nicht sehr viel aus. Teresa wird im Jahre 1515 im spanischen Ávila geboren. Am 4. Oktober 1582 – in jener berühmten Nacht, in der die gregorianische Kalenderreform wirksam wird und auf den 4. der 15. Oktober folgt – stirbt sie in Alba de Tormes.

Teresa von Ávila

La espadaña del Carmen in Ávila

Ávila – Stadtmauer

Taufbrunnen der Teresa von Ávila

Siebenundsechzig Jahre voll von Erlebnissen: Sie ist mystisch begnadet, sie korrespondiert mit Bischöfen und Professoren, mit König Philip II. und mit dem Papst und sie schreibt wertvolle Bücher über Gebet und Mystik.

Lebt Teresa in einer für sie günstigen Zeit?

Wiederholt lässt sie in ihren Schriften erkennen, viel gelitten zu haben in einer Gesellschaft, die in der festen Meinung lebt, die Frau sei weniger wert als der Mann. Auch in der Kirche ist sie mit großen Schwierigkeiten konfrontiert. Sie wächst in einer Kirche des Misstrauens auf: etwa Misstrauen gegenüber den Frauen, die beten und mystisch begnadet sind, Misstrauen gegenüber konvertierten Juden und ihren Angehörigen. Mehrmals kommt deshalb in ihren Worten ihr taktisches und gut durchdachtes Verhalten zum Ausdruck: Gebet, Schweigen, Arbeit, Humor, Selbstlosigkeit, Ausdauer, Gottvertrauen, dies alles sind Versuche, das innere Gleichgewicht nicht zu verlieren.

Wer den Menschen Teresa von Ávila kennen- und schätzen lernen will, wird im Buch *Klostergründungen* und in vielen ihrer Briefe – sie hat unzählige geschrieben, 480 sind erhalten – die Persönlichkeit und den Charakter dieser großen Frau entdecken. Überzeugt von den Gaben, die Gott ihr anvertraut hat, unterstreicht sie mit großer Ehrlichkeit in ihren Schriften immer wieder das Wirken Gottes: Sie sei nur ein Werkzeug in seinen Händen gewesen. In ihrer Aufrichtigkeit betont sie ihre eigenen Grenzen, was dazu dient, Gottes Größe hervorzuheben.

Die eigene Familie

Teresa gehört nicht zu einer adeligen, wohl aber zu einer angesehenen Familie in Ávila. Manche Einwohner kennen die Familie als „die Toledaner" (jene, die aus Toledo gekommen sind). Bei der Beschreibung ihrer Kindheit erweckt Teresa den Eindruck, dass die Kontakte der Kinder mit Gleichaltrigen eher selten waren. Mit einem ihrer Brüder hat sie die Lebensbeschreibungen der Heiligen gelesen und mit ihm hat sie manches unternommen: *Ich hatte Vettern, die in unser Haus kamen, denn andere Menschen durften uns nicht besuchen [...]* (Go 17) Trotz dieser eher negativ klingenden Feststellung finden wir in Teresas Schriften ein positives Bild der Eltern und Geschwister. Sie schreibt: *Meine Eltern waren gottesfürchtig, tugendhaft, das hätte schon genügt, um mich zu einem guten Menschen zu machen, wenn ich nicht so unartig gewesen wäre. Ich sah nur Tugend bei meinen Eltern. Mein Vater war gütig zu den Armen, zu den Kranken, zu den Dienern und voll des Verständnisses für sie. Man konnte ihn nicht dazu überreden, Sklaven zu haben.* (Go 15) Sozialer Druck prägt das Leben der damaligen Gesellschaft massiv: Er ist stark und unbarmherzig. Wir lesen bei Teresa, dass adelige Familien, die arm geworden sind, aufs Land ziehen, wo sie niemand kennt, um ihre Ehre und ihr Ansehen nicht zu verlieren. Auch Teresas Großvater war Geschäftsmann durch und durch. Seine Söhne versuchen zwar, gute Geschäfte zu machen, den Geschäftssinn des Vaters haben sie aber nicht geerbt. Sie leben nicht entsprechend den Prinzipien von konvertierten jüdischen Familien, sondern eher vom vorhandenen Besitz. Diese Haltung führt nach dem Tod von Teresas Vaters im Jahr 1543 (er ist in erster Ehe mit Catalina del Peso verheiratet gewesen, nach ihrem Tod ehelicht er Beatriz de Ahumada, die spätere Mutter von Teresa) zu einer peinlichen Situation: Die Eröffnung des Testamentes ist alles andere als ein großes Erbschaftsfest, denn es geht bloß um einige Alltagskleider und um die Hälfte des Ehebettes, denn die andere Hälfte gehörte María, seiner Tochter aus erster Ehe. In der kleinen Stadt Ávila bleibt diese Tatsache nicht verborgen und wirkt sich von Tag zu Tag beschämender für die Söhne aus, sodass jene, die noch in Spanien leben, nacheinander aus ihrer Heimat flüchten und nach Südamerika auswandern.

Teresa de Ahumada

Teresa de Ahumada (so genannt nach ihrer Mutter) lautet ihr voller Name. Ein Mensch aus Fleisch und Blut, ausgestattet mit vielen Begabungen und manchen Neigungen; mit starken Seiten, die sie nicht immer in den Griff bekommt; mit schwachen Seiten, die sie belasten, unruhig machen und manche ihrer Vorsätze nicht zur Ausführung kommen lassen. Das eigene Ich, mit allem, was dazugehört (Familie, Umfeld, Charakter, Begabungen ...), gehört zu den größten Feinden und Schwierigkeiten, die Teresa überwinden muss, um sich auf Gottes Einladung einzulassen.

Wenige Frauen können zu dieser Zeit lesen und schreiben, Teresa gehört zu diesen wenigen. Die Lektüre von Büchern – eine große Vorliebe von Teresa – hinterlässt in ihrer Jugend religiöse bzw. oberflächliche Spuren, je nachdem, ob sie über das Leben der Heiligen oder Ritterromane liest. Auch der Kontakt mit Menschen – Teresa besitzt eine starke Anziehungskraft – spielt eine große Rolle bei ihrer Lebensgestaltung. Kontakte, die zur Abhängigkeit führen, machen sie aber nicht nur oberflächlich, sondern auch innerlich müde und zerrissen. *Weißt du, was es heißt, mich wirklich zu lieben?*, fragt Jesus sie eines Tages. Sie schreibt: *Einsehen, dass alles Lüge ist, was mir nicht gefällig ist.* (V 40,1) In der Tiefe ihres Herzens erlebt Teresa ihre Armseligkeit und Unverlässlichkeit, sie wagt es aber lange Zeit nicht, sich ganz auf Gott einzulassen.

Diese Situation wiederholt sich des Öfteren in den nächsten Jahren: Eine Erkrankung Teresas im Jahre 1538 bringt keine innere Wende, sie muss bis zu ihrer endgültigen Bekehrung im Jahr 1554 warten. Wir denken an eine Pendelbewegung im Verhalten der jungen Teresa, sie spricht vom Fallen und Aufstehen: Ihre Vorsätze haben kaum Kraft, da sie manche Situationen nicht meidet; sie geht mit den Gaben Gottes nicht immer konsequent um und schenkt Gott nicht ihre ganze Liebe. Aufgrund dieser persönlichen Erfahrung des Versagens empfindet Teresa tiefe Sympathie für große Sünder, die sich zum Herrn bekehrt haben: Petrus, Magdalena und Augustinus sind Heilige, die ihr sehr nahestehen.

Ihre Zeit

An Teresa von Ávila, an ihre Bedeutung und ihre Ausstrahlungskraft zu denken, setzt – wie wir bereits festgehalten haben – voraus, die Schwierigkeiten der damaligen Zeit nicht zu übersehen: Es ist eine Umbruchszeit. Das Konzil von Trient, die Reformation, die Spaltungen in der Kirche, die daraus folgenden Unsicherheiten und die Inquisition sind wesentliche Meilensteine des 16. Jahrhunderts. Vor allem in Spanien prägt die Angst vor der Inquisition die Religiosität, ganz Europa leidet unter der Glaubensspaltung und in Südamerika wüten manche Eroberer, wobei der Glaube oft mit dem Schwert in der Hand „angeboten" wird.

Dort, wo die Zeit dunkel ist, dort, wo die Nächte besonders dunkel sind, entdecken wir die Sterne: So ragt Teresa in jener Zeit hervor. Als Gott-Beschenkte leuchtet sie ganz besonders in dieser dunklen Epoche der Kirche und der spanischen Gesellschaft.

Es vergeht eine gewisse Zeit, bis uns das Licht der Sterne erreicht. Gott hat Teresa reicht beschenkt und ihr immer wieder die Hand entgegengestreckt. Die Beziehung zwischen Gott und dem Menschen ist möglich, weil Gott den Menschen nie aufgibt. Verschiedene Aussagen von Teresa lassen uns ihre Geschichte mit Gott erkennen und Momente entdecken, in denen das Licht ihres Sternes nicht sichtbar ist, da ganz andere Interessen die Kraft ihrer Strahlen trüben: Edle Gedanken aus ihren Kinderjahren verschwinden etwa Schritt für Schritt in ihrer Pubertät durch die Lektüre von Ritterromanen.

Wege der Heilung

Jung und anziehend ist Teresa. Aufgrund ihres Charakters neigt die Heranwachsende dazu, der Mittelpunkt des Geschehens sein zu wollen. Aufzufallen, jedem zu gefallen, das sind Wünsche, die einen Menschen in die Welt der Abhängigkeit führen können – und dadurch kann die Richtung des Lebens verloren gehen.

Teresa erzählt von den Kontakten mit einer Kusine. Eine oberflächliche Begegnung, die Schritt für Schritt die Werte des Lebens in Vergessenheit geraten lässt. Es wird Teresa bewusst, dass der negative Einfluss mehr Kraft hat als der positive; von ihrer älteren Schwester lernt sie nicht viel, von ihrer Kusine lernt sie alles. *Die ständige Begegnung und das Gespräch mit dieser Kusine veränderten mich so sehr, dass ich von meinem alten Standort absank; sie und eine andere Person, die auch nur den bloßen Zeitvertreib suchte, beeinflussten mich mit ihrer Lebensart.* (Go 18).

Der Vater und María, die ältere Schwester, überlegen, wie sie Teresa in dieser schwierigen Phase ihres Lebens helfen können, und denken daran, sie in ein Internat zu bringen. Vehement wehrt sich Teresa dagegen, da ein solcher Schritt in der kleinen Stadt Ávila bedeuten würde, den guten Ruf zu verlieren: Alle Leute würden darüber sprechen und sich fragen, was das Mädchen angestellt hätte, dass es ins Internat muss. Teresas Stolz oder vielleicht eher die Gewissheit ihrer Würde verlangt, auf eine günstige Gelegenheit zu warten. *Ich lebte kaum drei Monate lang so oberflächlich dahin, als ich in das Internat eines hiesigen Klosters kam. So geschickt hatte die Familie es eingefädelt, dass nur ich und ein Verwandter davon wussten; ein günstiger Zeitpunkt wurde abgewartet, wo es nicht auffiel. Meine Schwester hatte nämlich geheiratet und es schien nicht schicklich für ein Mädchen, ohne Mutter allein zu Hause zu bleiben. Auch ich selbst bemühte mich um möglichst große Geheimhaltung, denn mein Ansehen und mein Ruf waren mir damals sehr wichtig.* (Go 18)

Von nun an lebt die junge, feurige, frohe Teresa als Interne bei den Augustinerinnen. Sie begegnet einer Klosterfrau, zu der sie viel Vertrauen gewinnt, María de Briceño. Die Gespräche mit dieser Frau sind Salböl für die Suchende. Die Einsamkeit und die Stille helfen ihr, sich selbst zu finden. Über diese ersten Tage im Internat schreibt Teresa: *Ich war zufriedener als im Haus meines Vaters.* (V 2,8) Dieser Aufenthalt in einer günstigen Umgebung und die Lektüre religiöser Schriften lassen sie die Wahrheit ihrer Kindheit wiederentdecken. *Mit der Kraft, die in meinem Herzen entfachten die Worte Gottes, die ich las und hörte, kam ich dazu, langsam die Wahrheit meiner Kindheit zu entdecken, die Nichtigkeit der Dinge, die Vergänglichkeit der Welt.* (V 3,5)

Die Heilsgeschichte Teresas ist die Geschichte eines Menschen, der geheilt wird, weil die Barmherzigkeit Gottes stärker ist als ihr Versagen. *Ich sehe ganz deutlich, welch große Barmherzigkeit der Herr mit mir gehabt hat.* (V 8,2) Gott hat sie immer an der Hand gehalten und ist ihr immer wieder entgegengekommen. Die eigene Schuld und Unzulänglichkeit können in ihr den Wunsch, für Gott zu leben, nicht ersticken, sondern entfachen vielmehr die Dankbarkeit.

Während manche Menschen vor allem negative Erfahrungen registrieren und speichern, gibt es so auch andere, die eine positive Seite entdecken. Ein Blick zurück und die Erinnerung an Erlebtes können ein Grund sein, nicht zu jammern, sondern zu danken. In der *Autobiographie* schreibt Teresa: *Ich bitte dich, Herr: Lass mich das Lob deines Erbarmens ohne Ende singen. Es hat dir gefallen, mir in so großartiger Weise deine Güte zu zeigen, dass alle staunen, die es gesehen haben. Ich staune oft so sehr, dass ich dich nur loben und preisen kann.* (V 14,9) Überwältigt von Gottes Erbarmen schreibt sie außerdem: *Gepriesen seist du, Herr, dass du mich so lange ertragen hast!* (V 3,8) Das Kloster der Menschwerdung (Convento de la Encarnación), wo Teresas Einkleidung nach einem Jahr Postulantat am 2. November 1536 stattfindet, wurde im Jahr 1478 als Beaterium gegründet. Schritt für Schritt wurde daraus ein Karmelkloster. (TMP 27)

Bekehrung

Teresa besitzt ein großes Herz, ein Herz voll Sehnsucht, das sie in manchen Momenten dazu führt, sich von Menschen abhängig zu machen. Ihr Herz ist zerrissen, ohne in sich selbst Erfüllung finden zu können ... Jahrelang kreist Teresa um diese Stolpersteine, bis sie eines Tages im Jahr 1554 nicht anders kann, als sich vor einem Bild des leidenden Christus zu Boden zu werfen, von ihm Hilfe erwartend. Ihr ist bewusst geworden, wie eingeengt, wie müde im Herzen, kraft- und freudlos sie ist. Trotzdem kann sie sich nicht selbst aus dieser Situation befreien. Ihr größter Feind ist sie selbst: ihr Mangel an Mut, Schluss zu machen mit einer Situation, die sie nicht ausfüllen kann. Gott aber habe viel Geduld mit ihr gehabt, bekennt sie Jahre später.

Es geschieht im Kloster der Menschwerdung, am Eingang zur Kapelle. Teresa berichtet: *Innerlich müde war ich und meine schlechten Gewohnheiten ließen mich zu keinem inneren Frieden kommen, auch wenn ich ihn wollte. Eines Tages ging ich in die Kapelle und erblickte ein Bild des Gekreuzigten, das man gebracht hatte für ein Fest. Der Eindruck, den dieses Bildnis auf mich machte, brachte mich ganz durcheinander; als ich deutlich sah, was Christus für uns gelitten hatte [...] Unter Tränen warf ich mich auf den Boden nieder und bat den Gekreuzigten, mir Kraft zu geben, Ihn nie mehr zu beleidigen.* (Go 31)

Die Worte von Teresa verlangen eine kleine Ergänzung: Bekehrung bedeutet nicht nur die Änderung von einem schlechten Lebenswandel zu einem guten, sondern auch – vor allem hier – die Änderung von einem guten Lebenswandel zu einem besseren und wesentlicheren. Erst nach diesem Ereignis mit dem leidenden Christus ändert sich die Richtung ihres Lebens. Ab jetzt ist Jesus der Mittelpunkt, um den alles kreist: Auf ihn zu hören und sich für ihn einzusetzen, hat ab nun Vorrang vor anderen Überlegungen und Plänen.

Die Indios

Eroberer

Viele der Conquistadores, die nach der Entdeckung Amerikas aufbrechen, stammen aus Ávila, einer Stadt, die zu dieser Zeit nicht nur klein, sondern auch arm, aber reich an Wappen ist, wie man heute noch an den alten Bauten sehen kann. Diese Tatsache, verbunden mit der Suche nach Geld und Ehre, kann junge Menschen motiviert haben, das Abenteuer in Südamerika zu riskieren. Vordergründig jedoch wird in manchen Fällen die religiöse Absicht hochgespielt, Seelen für die Kirche zu gewinnen. Amerika bietet vielen die Möglichkeit, schwierigen sozialen Situationen zu entkommen: Die Wiederherstellung des guten Rufes ist ein Vorteil, der nicht zu verachten ist. Abgesehen davon hat die Inquisition dort nicht die gleiche Macht wie in Spanien; dadurch ist mehr Bewegungsraum gegeben. Und sollte jemand dort längere Zeit verbringen, dann hat er die Chance, dass in der Zwischenzeit manche Verleumdungen oder Anschuldigungen in der Heimat in Vergessenheit geraten. Wer nach Südamerika gehen will, muss aber gewisse Bedingungen erfüllen: Er muss stark an Leib und Seele sein, Kastilisch sprechen und ein guter Christ sein. Wie streng dies tatsächlich gehandhabt wird, bleibt eine offene Frage.

Wie schon erwähnt, wandern alle Brüder von Teresa nach Südamerika aus. Anfänglich erreichen Teresa viele – für sie positive – Nachrichten. Sie erfährt, dass zwei ihrer Brüder im Krieg gefallen sind: Der eine gilt in ihren Augen als Märtyrer, über den zweiten schreibt sie Schwester Juana, dass er wie ein Heiliger gestorben sei. Es ist etwas Edles, wenn man das Leben für den Glauben hingibt. Es ist auch etwas Edles, wenn ein Bruder Geld schickt, um die Gründung des ersten Klosters zu finanzieren. Teresa kann stolz auf ihre Brüder sein. Die Hingabe des Lebens bzw. Spenden für Klostergründungen lassen doch an christliche Werte denken ... Hätte sich Teresa vorstellen können, dass dies nicht die volle Wahrheit ist?

Neue Sicht

Persönliche Zeugnisse haben eine andere Aussagekraft als Berichte aus zweiter Hand. Eines Tages bekommt Teresa Besuch von einem Priester, Pater Maldonado, einem Franziskaner, der einige Zeit in Südamerika als Missionar verbracht hat. *Er war vor Kurzem aus Südamerika gekommen und begann mir von den vielen Millionen Seelen zu erzählen, die dort aus Mangel an Glaubensunterricht verloren gehen. Er hielt uns eine Predigt und eine Ansprache, in der er uns zur Buße aufrief, und dann zog er weiter.* (F 1,7)

Einige Jahre später kommen weitere Nachrichten, die das Herz der frommen Klosterfrau belasten. Sie hört von unehelichen Kindern ihrer Brüder; umherirrend und nicht sesshaft bereitet ihr zudem ein weiterer Bruder Kopfzerbrechen: *Ich bin sehr besorgt,* schreibt sie eines Tages an ihren Bruder Lorenzo, der Vizekönig ist, *wegen Agustín de Ahumada, da ich nicht weiß, wie es ihm mit den Sachen Gottes geht.* (CT 2)

Nach der Begegnung mit Pater Maldonado, der von seinen Erfahrungen erzählt hat, kommt das Verhalten der Conquistadores der Klosterfrau immer mehr verdächtig vor.

Amerika bietet Teresas Brüdern eine günstige Gelegenheit, in der angeschlagenen finanziellen Situation unterzutauchen. Aber ihr Aufenthalt bringt der Klosterfrau nicht wenige Probleme und Sorgen.

Viel Geld

Die Zeit in Südamerika hinterlässt also Spuren im Leben der Familie Cepeda y Ahumada. Zwischen Teresa und Lorenzo gibt es eine intensive Korrespondenz. Sie tauschen Gedanken über die restlichen Familienmitglieder in Amerika aus, besprechen Schritte, die für die Erziehung der Kinder sinnvoll sein können, oder geben einander Ratschläge, sowohl finanzieller als auch geistiger Natur.

Lorenzo, der im Jahre 1567 Witwer geworden ist, kommt schließlich mit seinen drei Kindern Lorenzo, Francisco und Teresita nach Spanien zurück, wo er sich finanziell gut situieren kann. Nach einiger Zeit in der Heimat wächst in ihm die Sehnsucht nach einem bewussten Glaubensleben. Zweifellos ist die Ausstrahlungskraft seiner Schwester im Spiel, er sucht bei ihr Rat und Hilfe auf diesem neuen Weg. Frisch Konvertierte neigen aber unter Umständen zu Übertreibungen. Lorenzo überlegt bzw. hat vor, seinen Besitz in La Serna zu verkaufen, um ganz arm und losgelöst von allem zu leben. Er ist ein frommer Mann. Teresa ist aber nicht immer mit seinen religiösen Vorstellungen einverstanden und versucht wiederholt, ihn auf seine Verantwortung und auf einen richtigen Umgang mit seinem Geld und Besitz aufmerksam zu machen. Diese Intervention von Teresa ist entscheidend. Eine in Klausur und in Armut lebende Klosterfrau erinnert also den Bruder daran, dass er verantwortungsvoll mit Geld und Besitz umgehen soll. Ein Leben aus dem Glauben ist nicht der Weg, der Verantwortung auszuweichen und die Aufgaben im Leben zu vernachlässigen.

Der Preis der Indios

Leider sind die Briefe verloren gegangen, die Teresa in der Zeit zwischen 1566 und 1570 von ihrem Bruder Lorenzo bekommen hat. Am 17. Jänner 1570 schreibt sie ihm folgende Zeilen: *[...] auf den heilsamen Entschluss, den unser Herr Ihnen eingegeben hat, will ich diesmal nicht näher eingehen. Dieser Entschluss scheint mir ganz vortrefflich zu sein, und ich habe die göttliche Majestät dafür gepriesen [...] ich hoffe zu unserem Herrn, dass diese Angelegenheiten gar sehr zu Seinem Dienste gereichen werden. In allen unseren Klöstern betet man ganz besonders und unablässig für Sie. Unser Herr wolle Sie, da es doch Ihre Absicht ist, ihm zu dienen, glücklich zu uns führen.* (CT 2)

Wir stellen in diesem Brief ein Umdenken Teresas fest: Die Tatsache, dass ihr Bruder Lorenzo sich entschlossen hat, nach Spanien zurückzukommen, betrachtete sie als einen heilsamen Entschluss, den Gott ihm eingegeben hat und der für sie Grund genug ist, Gott dafür zu preisen. Lorenzo hat die Absicht, in Spanien Gott zu dienen. Beim Lesen dieser Zeilen taucht die Frage auf: Was ist in Südamerika für Lorenzo ein Hindernis, Gott zu dienen? Im Brief schreibt Teresa weiter: *Ich glaube wirklich, es werde mir eine Erleichterung sein, wenn ich Sie hier habe. Was mir tief das Herz verwundet, ist der Gedanke, dass so viele Seelen verlorengehen, und auch diese Indios kosten mir nicht wenig. Der Herr sende Ihnen Licht, denn hier und dort herrscht großes Elend. Auf meinen Reisen durch so viele Gegenden und bei meinem Verkehr mit so vielen Leuten kann ich mir oftmals nichts anderes denken, als dass wir Menschen ärger als wilde Tiere sind, weil wir die hohe Würde unserer Seele nicht erkennen [...] uns an so gemeine Dinge wie die irdischen hängen.* (CT 2)

Der Text spricht für sich selbst: Hier und dort herrscht großes Elend, Menschen sind oft ärger als wilde Tiere ... Teresa hat mittlerweile manches gehört. Ihr Text lässt ahnen, dass ihr eines Tages klar geworden ist, dass für manche Conquistadores in Südamerika irdische Dinge wichtiger sind als die Würde der Seele, die ein jeder Mensch hat.

Diese Indios kosten mir nicht wenig, sagt Teresa. Dieser Satz verrät auch, dass die Verhältnisse in Südamerika und die Abwesenheit der Brüder persönlich keine leichte Sache für sie sind und sie in diesen Jahren manches in Kauf zu nehmen hat. Sie muss in Spanien ohne die Hilfe der Brüder auskommen und bestehen. Die große Entfernung ist ein Handicap, wenn es darum geht, anderen in schwierigen Momenten des Lebens beizustehen: Drei ihrer Brüder sterben, Jerónimo und Augustín haben zwei uneheliche Töchter und Augustín führt zudem, wie bereits erwähnt, einen lockeren Lebenswandel. Teresa kann ihre innere Traurigkeit nicht leugnen, die sie in Anbetracht dieser und anderer Nachrichten erfüllt.

Das schwarze Schaf

Wo viel Licht ist, ist auch viel Schatten, sagen wir immer wieder. In der Familie und von der Gesellschaft werden Menschen oft als schwarze Schafe abgestempelt.

Pedro, ein weiterer Bruder Teresas, hat einige Jahre in Südamerika gelebt, spät geheiratet und ist nach wenigen Jahren Witwer geworden. Nach seiner Rückkehr nach Spanien versucht er, bei den Jesuiten einzutreten, was ihm aber aufgrund seines Alters nicht gelingt. Da er keine finanziellen Mittel besitzt, wird er zum Problemfall und zur Belastung für die Familie. Als er die Anerkennung, auf die er seitens des Königs wartet, nicht bekommt, wird er traurig und melancholisch. Teresa spricht von dieser Krankheit in Briefen an Lorenzo: *Es handelt sich um ein leichtes Kreuz, das Gott unserer Familie auferlegt hat* (CT), schreibt sie im Jahr 1575.

Lorenzo, der finanziell gut situiert ist, kümmert sich um den armen und schwachen Bruder, er bietet ihm sogar die Möglichkeit, bei ihm zu wohnen. Der psychisch angeschlagene Mann ist allerdings nicht belastbar und seine Reaktionen sind nicht immer ganz ausgeglichen. Oft übernimmt Teresa die Aufgabe, die Spannungen zwischen beiden Brüdern zu entschärfen. Eines Tages läuft Pedro davon, er will bis Sevilla kommen, um von dort in seiner Verzweiflung wieder nach Lateinamerika auszuwandern. Es gelingt Teresa, ihn in Toledo zu halten. Von dort aus schreibt sie Lorenzo (10. April 1580). Es sind bereits fünf Jahre vergangen und in der Zwischenzeit ist viel Unangenehmes geschehen, sodass Teresa in diesem Brief klare Akzente setzt: *Diese Krankheit ist fürchterlich, denn sie schadet sich selbst und den anderen. Gott gebe Ihnen das Gute, worum ich bitte, und spare Ihnen, ihn in Ihrem Haus aufnehmen zu müssen. Ich wünsche, dass man sonst alle möglichen Mittel versucht, damit, wenn er sterben sollte, weder Sie noch ich unruhig bleiben.* (CT 14) Wahre Beziehung zu Gott öffnet die Augen für die Wirklichkeit des Lebens, so schreibt Teresa weiters: *Nehmen Sie ihn nicht mehr in Ihrer Wohnung auf, lassen Sie sich von seiner Not nicht beeinflussen.* (CT 13,1) Gleichzeitig bittet sie aber: *Nehmen Sie sich seiner an, dies verlangt die Vollkommenheit, nach der Sie streben.* (CT 13,3) Da Pedro psychisch nicht gesund ist, betont Teresa weiters die Notwendigkeit, das Geld, das Lorenzo ihm gibt, zu dosieren; *[...] am besten wäre es, wenn Sie das Geld an jene auszahlen, die für seinen Unterhalt Sorge tragen [...] er wird ja nicht lange an einem Ort bleiben.* (CT 13,5)

Einheit

Das Leben besteht – wie ein Puzzle – aus vielen Teilchen, die zusammen ein ganzes Bild ergeben. Um innerlich ungehindert der Stimme Gottes folgen zu können, versucht Teresa, Schritt für Schritt Bereiche ihres Lebens in den Griff zu bekommen, das heißt

- die innere Zerrissenheit im eigenen Leben abzubauen: Lange Zeit, bis zur Begegnung mit dem leidenden Christus, währt dieses Bemühen;
- dem sozialen Druck – aufgrund der Lebensführung ihrer Geschwister – standzuhalten: Ávila ist eine kleine Stadt, Vergehen jeder Art sind schnell bekannt;
- die Glaubwürdigkeit ihrer mystischen Gnaden unter Beweis zu stellen: Die geistliche Begleitung, die als Hilfe und Stütze auf dem Weg gedacht ist, bedeutet für Teresa einen sehr schmerzlichen Kreuzweg.

Die Familie Cepeda y Ahumada ist also nicht frei von gerichtlichen Konflikten und Streitigkeiten. Familiäre Spannungen können Menschen blockieren. Teresa versucht immer wieder, Situationen in der eigenen Familie zu entspannen, lässt sich aber dadurch von ihrer eigentlichen Aufgabe nicht ablenken: *Die evangelischen Räte möglichst vollkommen zu befolgen* (V 1,2), um der Kirche von Nutzen sein zu können.

Für Gott unterwegs

Das sogenannte Goldene Zeitalter ist keine leichte Zeit für Spanien, für Europa, für die Kirche, auch wenn wir das Wirken Gottes vor Augen haben. Verschiedene Interessen, Kräfte, Zielsetzungen sind am Werk: politisch, religiös, wirtschaftlich. Doch nicht nur Teresa lässt sich von Gott in Anspruch nehmen, viele kirchliche Persönlichkeiten prägen das Bild dieser Zeit in Spanien: etwa Ignatius von Loyola, Franz Xaver, Franz Borja, Petrus von Alcántara oder Johannes vom Kreuz, um nur einige zu nennen. In diesem Umfeld entdecken wir auch religiöse Bewegungen, die – selbstverständlich jede mit ihren beschränkten Möglichkeiten – eine Erneuerung von christlichen Werten zum Ziel haben: die Alumbrados, die Devotio moderna, die Unbeschuhten als Weg zur Erneuerung des Ordenslebens ... Die Impulse des Geistes und die Interessen der Machthabenden können weder in der Kirche noch in der Gesellschaft immer in Einklang gebracht werden.

Die Gründung der ersten Gemeinschaft Teresas – am 24. August 1562 – hängt wesentlich mit dem Gedanken zusammen, der Kirche zu dienen. Mit diesem kleinen Schritt in Ávila beginnt der Weg des Unbeschuhten Karmels, für den Gott Teresa als sein Werkzeug verwendet. Die Unbeschuhten Karmeliten pflegen ein tiefes Leben in Gemeinschaft mit Gott und untereinander. Gott nahe zu sein bedeutet, auch den Menschen nahe zu sein. Als

Frucht einer tiefen Verbindung mit Gott wächst die Bereitschaft, für die Kirche zu beten und ihr zu dienen. Mit großer Freude berichtet Teresa auch von den ersten Karmeliten in Duruelo, die in der Umgebung predigen und den Katechismus erklären.

Unterwegs

Sitzend auf einem Muli oder in einem Planwagen bewältigt Teresa große Entfernungen zwischen den Städten von Kastilien und Andalusien. Andalusien im Süden Spaniens lässt uns an Hitze und Sonne denken. Es ist jedoch ein Unterschied, ob ich die Sonne am Strand unter einem Sonnenschirm genieße oder ob ich tagelang in der Sonne in einem Planwagen unterwegs bin. Zum Alltag der Gründerin gehört dieses mühsame Unterwegssein, egal wie günstig oder ungünstig das Wetter ist: *Wir unterbrachen zwar die Fahrt während der Mittagszeit, doch ich sage euch, Schwestern, wenn wir wieder auf die Wagen aufstiegen, auf die die Sonne ja mit aller Kraft herniedergebrannt hatte, so war es, als ob wir in das Fegefeuer kämen.* (F 24,5) Hie und da kommt es unterwegs zu Pannen, die die Kräfte und die Stimmung der Gruppe strapazieren – ganz abgesehen von den Gefahren, die damit verbunden sind. Die Schilderung eines Ereignisses kann uns zwar etwas von der Situation erahnen lassen, uns aber nicht wirklich in die erlebte Situation hineinversetzen. Wir lesen in den *Klostergründungen: Kurze Zeit – vielleicht zwei Tage – vorher (als wir gerade auf einem Boot über den Guadalquivir fahren wollten) passierte uns etwas anderes, das uns ein wenig in Bedrängnis brachte. Als man nämlich die Wagen hinüber zu bringen versuchte, war dies an der Stelle, wo sich das Seil befand, nicht möglich. Man musste vielmehr den Fluss schräg übersetzen, wobei allerdings das Seil, indem man es ebenfalls schräg richtete, etwas half. Auf einmal aber ließen die, die es hielten, los – oder ich weiß nicht, was geschah – und das Boot trieb mit den Wagen dahin, ohne Seil und ohne Ruder. Den Fährmann so geplagt zu sehen, bedrückte mich viel mehr als die Gefahr. Wir fingen an zu beten – die anderen mit lauter Stimme zu schreien.* (F 24,10) Mit vereinten Kräften und der Hilfe von Freiwilligen, die aus einem naheliegenden Schloss kommen, können sie sich aus dieser Situation befreien.

Wer aus der Verbindung mit Gott lebt und ihm dienen will, braucht keine besonderen Bußübungen zu suchen, um ihm die Liebe zu zeigen. Es genügt, das anzunehmen, was der Alltag bringt. Komplikationen und Engpässe, die das Leben uns bereitet, öffnen unsere Augen für andere Werte, die wir in der Monotonie eines gut funktionierenden Alltags oft übersehen. Der Alltag kann zu einem Lobgesang für Gott werden, wenn wir in den Ereignissen und Begegnungen seine schützende oder unter Umständen auch uns prüfende Hand entdecken.

Bei den vielen Reisen, die ich mit Gruppen auf den Spuren der hl. Teresa von Ávila organisiert und unternommen habe, konnte ich wiederholt erleben, wie sich die Mitreisenden auf das wohnliche Zimmer und die Dusche im Hotel freuten – nach einem schönen, aber doch anstrengenden Tagesausflug. Diesen berechtigten Erwartungen eines heutigen Pilgers entspricht auch der folgende Bericht von Teresa nicht ganz. Es passiert auf dem Weg nach Sevilla: *Ich werde es nicht unterlassen, euch von der schlechten Herberge zu erzählen, die wir in dieser Notsituation hatten. Uns wurde ein kleines Zimmer unter dem Dach ohne Fenster zugewiesen. Wenn man die Tür öffnete, war der Raum voller Sonne (dabei müsst ihr bedenken, dass dort die Sonne nicht so ist wie in Kastilien, sondern weitaus unangenehmer). Man brachte mich zu Bett, obwohl es mir lieber gewesen wäre, mich auf den Boden zu legen. Das Bett war nämlich auf der einen Seite so hoch und auf der anderen so niedrig, dass ich nicht wusste, wie ich darin liegen sollte – und es schien aus spitzen Steinen zu bestehen. Was ist doch die Krankheit! Wenn man gesund ist, ist ja alles leicht zu ertragen! Am Ende hielt ich es für besser, aufzustehen und mit den Schwestern abzureisen. Mir schien nämlich die Sonne auf freiem Feld erträglicher als die in jenem Zimmer.* (F 24,8)

Jammern ist Teresa fremd, sie fühlt sich getragen von einer inneren Stimme, die stärker ist als jene Hindernisse, die ihr im Leben entgegenkommen. Das Ziel dieses Berichtes ist nicht die Beschreibung von Schwierigkeiten und Hindernissen, um den Lesern zu sagen, was sie alles erlitten hat. Dies würde vom Eigentlichen ablenken. Wesentlich in dieser Beschreibung ist der Hinweis auf das Wirken Gottes, das sich immer wieder durchsetzt, auch wenn die Menschen, die er als seine Werkzeuge benützt, Grenzen und Mängel aufweisen. Ergriffen von solchen Erfahrungen, kann Teresa nicht anders, als sich Gott zur Verfügung zu stellen und sich von ihm als Werkzeug verwenden zu lassen.

Unmögliches?

Verlangt Gott Unmögliches? Beim Lesen mancher Berichte Teresas wäre man geneigt, daran zu glauben. Wir schenken ja unter Umständen dem Äußeren die größte Aufmerksamkeit, Teresa aber weist uns auf das Innere – innere Überzeugung, innere Motivation – hin. Bei einzelnen Ereignissen haben wir den Eindruck, dass Gott – nach einer Zeit der religiösen Vertiefung und Entfaltung – von Menschen viel bzw. alles verlangt: die totale Selbstlosigkeit und Hingabe.

Eines wird im Buch *Klostergründungen* deutlich: Gott ist nicht weniger großzügig als der Mensch Teresa. Er gibt ihr die Kraft, die von ihm verlangten Schritte zu tun. Die Begegnung mit den Schritten, die Teresa setzt, bedeutet die Entdeckung eines Menschen, der sein Leben aus Denkkategorien und Motivationen heraus gestaltet, die sehr verschieden sind von den unseren. Die Bescheidenheit eines Hauses oder die Baufälligkeit des Gebäudes sind kein Grund, den Ruf und den Auftrag Gottes bei der Gründung eines Klosters zu überhören.

Wie lebendig ist dieser Gott, an den Teresa glaubt und für den sie sich einsetzt? Es ist nicht Abenteuerlust, die Teresa ab den 1560er-Jahren drängt, von Ort zu Ort zu fahren, um Klöster zu gründen. Hinter ihren Schritten und Strapazen entdecken wir die innere Überzeugung, dass Gott dies von ihr erwartet. Denn sie erhält Nachrichten über die Hugenotten, die Spanien erreichen. Als Antwort auf die Aktionen dieser Gruppe in Frankreich – sie haben Kirchen und Klöster zerstört – wächst in Teresa der

Wunsch, der Kirche zu dienen: *Eine Kirche mehr zu sehen ist ein besonderer Trost für mich* (F 3,10), schreibt sie.

Was wir tun, was wir erreichen und vollbringen, was uns gelingt, will im Dienst eines Lebens mit Gott stehen. Wenn es uns nicht gelingt, durchsichtig für das Wirken Gottes zu sein, werden unsere Taten und Werke auf uns aufmerksam machen, aber nicht auf Gott.

Kleine Sticheleien, Stolpersteine, menschliche Überlegungen und Strapazen haben für Teresa nicht so viel Kraft wie die Worte Gottes. Schritt für Schritt werden wir auf einen zielführenden Weg aufmerksam gemacht: Gott viel zutrauen, denn er traut uns manches zu. Ein Gedanke aus der *Autobiographie* bestätigt diese Haltung Teresas: *Hab Vertrauen zu Seiner Güte, er hat seine Freunde nie im Stich gelassen.* (V 11,12)

Apostolisches Beten

Teresa übernimmt Gottes Auftrag, Klöster zu gründen, in der festen Überzeugung, der Kirche zu dienen. Entsprechend der damaligen Vorstellung sieht Teresa zwei Wege, die Kirche zu verteidigen: die Weitergabe der Botschaft – Aufgabe der Theologen und der Prediger – und das Gebet. Der erste Weg ist für sie versperrt, so entscheidet sie sich, den Weg des Gebetes zu gehen.

In *Weg der Vollkommenheit* erinnert Teresa ihre Schwestern an den Zweck, zu dem Gott sie in den Karmel berufen hat: *Wenn eure Gebete und euer Verlangen, eure Disziplinen und euer Fasten nicht das zum Ziel haben, wovon ich gesprochen habe, so wisst, dass ihr nicht tut, was der Herr von euch will, und den Zweck nicht erfüllt, zu dem er euch hier zusammengeführt hat.* (C 3,10) Nicht jeder versteht den apostolischen Wert des Gebetes. Manche schütteln den Kopf und fragen, ob es nicht eine verlorene Zeit sei, ein Leben in Klausur zu führen und sich dem stillen Gebet zu widmen, da die Not in der Gesellschaft so groß ist. Teresa ist aber davon überzeugt, dass der wesentliche Kern der christlichen Botschaft die Verwirklichung der Liebe ist. Weil der Einsatz für die Kirche Ausdruck und Folge der Liebe zu Gott ist, schreibt sie in der *Seelenburg: Darum tut das, was am meisten Liebe in euch erweckt. Vielleicht wissen wir aber gar nicht, was Lieben ist.* (M 4,1) So unterstreicht sie, dass die wahre Liebe zu Gott darin bestehe, *in der größeren Entschlossenheit, Gott in allem erfreuen zu wollen, [...] und Ihn zu bitten, dass die Ehre und der Ruhm Seines Sohnes sowie das Wachstum der katholischen Kirche stets Vorrang vor allem anderen habe.* (M 4,1)

Die Zeiten sind nicht leicht, wird immer wieder gesagt. Manche Aktionen sind nur einigen Menschen möglich, wer kann aber verhindern, Gott zu lieben? Liebe, so wie Teresa sie versteht, ist allen Menschen möglich, abseits von kirchlichen Normen, Vorschriften oder Verboten.

Die Liebe zu verwirklichen bedeutet, Gott Freude zu bereiten, was an sich heißt, primär nicht auf uns, sondern auf Gott zu schauen. Liebe zu Gott verlangt, dass in unseren Gebeten das Wachstum der Kirche Vorrang vor anderen Überlegungen hat.

Kirche an der Stelle des Geburtshauses in Ávila

Santa María la Blanca – die frühere Synagoge von Toledo

Toledo

Leidender Christus

Zeichen der Liebe

Die Liebe kann sich auf verschiedene Weisen zeigen. Teresa resigniert nicht bei der Feststellung, dass ihr als Frau und Ordensfrau viele Schritte verboten sind. Sie revoltiert nicht gegen Normen, lässt sich von ihnen aber auch nicht ersticken und mundtot machen, sie sucht vielmehr eine Tür, die ihr offensteht: Niemand kann sie daran hindern, die Liebe zu Gott und zur Kirche zu verwirklichen. Denn in ihrem Herzen hat sie es erkannt: Die Echtheit und die Vitalität der Liebe eines Christen sind der Boden, auf dem Wachstum und Bestand der Kirche gedeihen. Die Liebe erfüllt das Herz des Menschen und wird in seinen Taten sichtbar.

Wer sich beschenkt weiß so wie Teresa, will großzügig antworten. Wer sich dessen bewusst ist, was der Herr alles für ihn getan hat, will sich Gott gegenüber dankbar zeigen. In der *Autobiographie* lesen wir: *O mein Jesus, stärke mich und gib mir die Gelegenheit, etwas für dich zu tun. Wie soll ich es ertragen, dass ich von dir so viel empfange, ohne dir auch nur ein wenig vergelten zu können?* (V 25,5) Die Sehnsucht treibt uns, etwas für Gott zu tun und Zeichen der Dankbarkeit zu setzen. Teresa wählt den Weg, der ihr offensteht: für die Theologen, für die Prediger, für die Kirche zu beten.

Die Inquisition

Schon die Begriffe Inquisition oder Inquisitor rufen manche grausigen Bilder in Erinnerung. Die Inquisition in Spanien steht in engem Zusammenhang mit dem Problem der Conversos (der konvertierten Juden), sie wird eingeführt, um die Echtheit ihrer Bekehrung zu kontrollieren.

Immer wieder wird in dieser Zeit auch der Vorwurf erhoben, dass Teresa zu den Alumbrados gehöre und dass sie etwa außergewöhnliche Phänomene liebe. Diese „Erleuchteten" sind eine spirituelle Bewegung in Spanien, ein Teil der damals so wichtigen Reformbewegung, die aber nicht ganz der in der Kirche propagierten Richtung entspricht. Sie versammeln sich oft bei Frauen, die eine besondere geistliche Ausstrahlung haben.

Teresas Haltungen erinnern in diesem Zusammenhang nicht nur an Personen, die von der Inquisition eingesperrt werden, sondern auch an große Gestalten der Spiritualität im Spanien des 16. Jahrhunderts, die in Prozesse der Inquisition verwickelt sind, wie zum Beispiel Ignatius von Loyola, Juan de Ávila und Luis de León. Teresa sucht den Kontakt mit Priestern, die spirituell und theologisch sehr kompetent sind, um sich von ihnen beraten zu lassen, was aber nicht bedeutet, dass diese Theologen in den Augen der Inquisition Respektspersonen sind. Dr. Carleval, ein Schüler von Juan de Ávila und

Professor in Baeza, wird etwa von der Inquisition verfolgt, da er als Alumbrado angezeigt wird. Aufgrund des Kontaktes mit diesem Gelehrten gerät Teresa in manche Konflikte.

Um der Gefahr, zu den Alumbrados gezählt zu werden, auszuweichen, versucht Teresa in *Weg der Vollkommenheit* deutlich zu betonen, dass sie als Gründerin einer klausurierten Ordensgemeinschaft nicht nur die Zurückgezogenheit und die Stille, sondern auch den Dienst am Menschen schätzt. Mit großer Klugheit behandelt sie das Thema von Marta und Maria, den Ikonen des kontemplativen und aktiven Ordenslebens, und hält fest, dass in ihren Klöstern dem Vorbild von Marta *und* Maria gefolgt werden soll. Sie lässt sich dabei nicht von der allgemeinen Meinung beirren, dass Maria den besseren Teil erwählt habe: *Was wollt ihr mehr verlangen, als dieser glücklichen Frau zu gleichen, die würdig war, Christus, unseren Herrn, so oft in ihrem Haus zu beherbergen, ihm zu essen zu geben, ihn zu bedienen und mit ihm an einem Tisch zu essen? Wäre sie vertieft gewesen wie Magdalena, hätte niemand dem göttlichen Gast zu essen gegeben. Stellt euch also vor, dieses Kloster sei das Haus der heiligen Marta, in dem beides notwendig ist.* (C 17,5)

Angst vor der Inquisition hat Teresa nicht, da die Kirche für sie alles bedeutet und sie bereit ist, für die Kirche tausendmal zu sterben. In ihren Schriften entdeckt man aber immer wieder Formulierungen, die mehr sagen wollen als das, was die Worte aussagen.

Jüdische Vorfahren

Die Gründe, die Juden zur Bekehrung motivieren, sind vielfältig. Es genügt, an die große Zahl der kirchlichen Würdenträger zu denken, die zu den Conversos gehören, um festzustellen, dass diese bekehrten Juden kirchliche Ämter übernehmen können. Ob dies ein Grund ist? Um in Spanien weiter leben und Geschäfte führen zu können, konvertieren viele Juden – darunter eben auch der Großvater Teresas mit seinen Söhnen –, vor allem im sogenannten Jahr der Gnade, das ihnen manche Erleichterungen und Privilegien bringt. Auch der Großvater konvertiert im Jahr 1485. (GMW 6) Viele Altchristen werfen daher den Conversos vor, sie würden sich nur wegen der dadurch entstehenden Vorteile taufen lassen. In manchen Fällen mag es auch zutreffen. Viele leiden aber sehr unter diesem „Makel der Bekehrung" oder noch genauer: unter den Folgen der Bekehrung. Es gibt etwa Prozessionen, bei denen die Conversos Bußkleider tragen müssen, was sie auch nach außen hin als Bekehrte abstempelt.

Welche Möglichkeiten gibt es, sich von diesem „Makel der Bekehrung" zu befreien oder wenigstens von ihm abzulenken? Die Familie von Teresa ist nicht die einzige, die sich diese Frage stellt. Um die Abstammung zu verschleiern und die damit verbundenen Vorurteile zu vermeiden, versuchen manche, den Aufenthaltsort zu wechseln. So geht Teresas Großvater mit seinen Söhnen (Sánchez de Toledo) von Toledo nach Ávila und lässt sich dort als Geschäftsmann nieder: in einer Stadt, in der die Familie nicht bekannt ist. Man darf die Klugheit des Großvaters nicht übersehen: Da die Familie unbekannt und anscheinend gut situiert ist, bemüht sich das Familienoberhaupt, die Söhne mit Mädchen aus adeligen Familien zu verheiraten. Dieser Schritt gehört zu seinen taktischen Versuchen, die jüdische Abstammung möglichst zu vertuschen. Auch an weiteren Schritten, die er unternimmt, lässt sich erkennen, dass er zu den privilegierten Judenkonvertiten gehört: Es gelingt ihm, einen Adelstitel zu kaufen. Aufgrund solcher Aktionen werden manche Konvertiten damals ausgelacht: „Sie können vom König ein Dokument erwerben und erkaufen, aber nicht das Blut."

Die Inquisition hat unter anderem die Aufgabe, die Echtheit dieser Bekehrungen zu überprüfen, es kommt zu sehr harten Maßnahmen und zur Vertreibung vieler Juden.

Teresas Leben und ihre Schriften

Teresa und die Inquisition ist ein Kapitel, das nicht einmal mit dem Tod der Mystikerin endet. Während ihres Lebens erlebt Teresa zahlreiche Angriffe und falsche Anschuldigungen, nach ihrem Tod gehen diese weiter. Es fehlt nicht an positiven Stimmen, die allerdings nicht genug Kraft haben, die Vorurteile gegen Teresa abzubauen. Die Inquisition verfolgt die „Angelegenheit Teresa" über viele Jahre hinweg.

Verschiedene Priester greifen die Lehre Teresas an, vor allem die Lehre über das Gebet. Manche Theologen ihrer Zeit können nicht begreifen, dass eine Frau – und noch dazu eine klausurierte Nonne – zur Lehrmeisterin des meditativen Gebetes werden soll, wo doch in den Augen des Großinquisitors Frauen gerade dazu unfähig sind. Religiöse Erfahrungen von Frauen werden mit der Begründung als verdächtig angesehen, dass die Gefahr der Einbildung und der Täuschung beim schwachen Geschlecht extrem groß sei. Das mündliche Gebet und der Rosenkranz werden ihnen, wie wir bereits gesehen haben, daher vorgeschrieben, das meditative Gebet aber untersagt.

Ende 1574 wird ein Bericht an den Consejo de la Inquisición (den Inquisitionsrat) in Madrid geschickt, in dem es von *Teresa de Jesús, einer Karmelitin aus Ávila,* heißt, sie sei eine große Dienerin des Herrn und habe über ihre Offenbarungen ein Buch geschrieben, welches das der hl. Katharina von Siena bei Weitem übertreffe und in dem von vielen Märtyrern die Rede sei, die es in ihrem Orden geben werde. (DST 945)

Teresa schreibt, weil ihre Schwestern sie dazu drängen: *[... ich] die Erlaubnis habe, einiges über das innere Beten zu schreiben, wozu ich (weil ich mich mit vielen geistlichen und heiligmäßigen Personen besprochen habe), wie es scheint, etwas Zutreffendes sagen könnte.* (CE Vorwort 1) Im Jahr 1575 beauftragt der Höchste Rat das Tribunal von Valladolid, das Manuskript von Teresa in Beschlag zu nehmen und zu überprüfen. Zu dieser Zeit werden andere angesehene Personen ebenfalls bei der Inquisition angezeigt, wie etwa Ignatius von Loyola.

Mehrere Theologen werden von der Inquisition beauftragt, die *Autobiographie* von Teresa zu überprüfen. Sie war unter anderem von der Fürstin Eboli, von der wir später noch mehr hören werden, angezeigt worden und die Schrift muss von Bischof Álvaro de Mendoza übergeben werden. Der berühmte Theologe Domingo Báñez – wir kennen ihn als Berater und Beichtvater Teresas – ist einer der Gutachter, die das Buch beurteilen sollen. In seinem Urteil meint er, dass er zu der Überzeugung gelangt sei, es sei alles von Gott, auch wenn in diesem Buch von vielen Erscheinungen gesprochen werde, die vor allem bei den Frauen zu fürchten seien. Am Ende vermerkt er, dass es gut wäre, die *Autobiographie* bis zum Tod Teresas bei der Inquisition zu behalten. So befindet sich – als Teresa stirbt – das Buch in den Händen der Inquisition und bleibt dort noch einige Zeit verwahrt.

Der Großinquisitor Gaspar de Quiroga versichert im Jahr 1580 (Teresa stirbt im Jahr 1582), persönlich ihr Buch gelesen und die Lehre mit großer Strenge überprüft zu haben. (DST 944) Die Anschuldigungen gegen Teresas Lehre dringen schließlich bis Rom vor. Papst Paul V. ordnete an, die Bücher zu überprüfen. Erst 1607 – Teresa ist bereits seit fünfundzwanzig Jahren verstorben – werden durch päpstliche Entscheidung die Schriften Teresas von jedem Makel der Häresie freigesprochen und den Gläubigen als gesunde Lehre empfohlen.

Mystische Gnaden

Die Zeit nach ihrer Bekehrung sei ein „neues Buch", meint Teresa in der *Autobiographie*: Es kreise nicht mehr alles um Teresa, sondern um Jesus. Einige Jahre nach ihrer Lebenswende, wir schreiben die Jahre 1556 und 1557, wird sie von mystischen Gnaden überrascht. In ihrem und im Kopf mancher Mitschwestern taucht der Gedanke an Frauen auf, die getäuscht und von der Inquisition eingesperrt worden sind. Teresa stellt außerdem fest, dass es in ihrem Umfeld Menschen gibt, die auch ohne mystische Erfahrungen sehr tugendhaft leben. Sie berichtet, sich fast zwei Jahre dagegen gewehrt und darum gebetet zu haben, dass Gott sie auf einen anderen Weg führen möge.

Es ist eine sehr schwere Zeit für Teresa. Fragen, innere Leere, Momente der Unsicherheit und Zweifel plagen sie. Es ist ihr bewusst, dass innere Anreden von Gott, aber genauso vom Teufel oder von uns selbst stammen können; deswegen sucht sie Hilfe von Theologen und anderen spirituellen Menschen. Manche Priester wagen nicht einmal, ihr die Beichte abzunehmen, aus Angst, bei der Inquisition in Ungnade zu fallen. Viele von jenen Menschen, denen sie sich anvertraut, sagen ihr, dass ihre Erfahrungen eine Täuschung des Teufels seien. Man kann sich vorstellen, wie diese Situation Teresa belastet. Auf der einen Seite ist sie immer geneigt, sich von besonders qualifizierten und gelehrten Priestern begleiten zu lassen; auf der anderen Seite stellen manche Geistliche die Richtigkeit ihrer mystischen Erfahrungen infrage.

Es ist nicht die Absicht Teresas, auf ihre mystischen Erfahrungen zu pochen oder damit angeben zu wollen. Sie sieht die Situation mit ganz klarem Blick: *Nicht einmal alle Offenbarungen und Erscheinungen, die man sich vorstellen kann, wären in der Lage, mich zu trennen von dem, was die Kirche lehrt.* (V 25,12) Fray Luis de León, ein berühmter Professor in Salamanca und Herausgeber der Werke von Teresa, bestätigt die Haltung der Mystikerin im Jahr 1587 mit diesen Worten: *Die Privatoffenbarungen aber sollen wir uns nicht wünschen, noch meinen, in ihnen bestehe die geistige Vollkommenheit oder sie seien sichere Zeichen der Gnade. Die Mutter gab uns mit ihrem Leben ein Beispiel für das Geschriebene.* (CI 1982, 34)

Teresa weicht der Wahrheit nicht aus. Falls sie sich schuldig fände, würde sie sich selbst anklagen. *Voll Angst sagten viele zu mir, dass die Zeiten gefährlich seien und man in mir etwas entdecken und den Inquisitoren anzeigen könnte. Das fand ich lustig und ich musste lachen, denn was das anbelangt, so hatte ich niemals Angst [...]* (V 33,5) Was hört Teresa im Tiefsten des Herzens, das ihr so viel Sicherheit inmitten dieser Stürme gibt?

Mein Ölberg

María del Corro gehört zu jenen Damen, die nach der Klostergründung in Sevilla 1575 ins Kloster eintreten wollen. Kurze Zeit nur dauert die Freude der neuen Kandidatin, denn bald zeigt sich sehr deutlich, dass sich María nicht in das Klosterleben einfügt und Schwierigkeiten macht. Sie will aber ihr Gesicht in der Stadt nicht verlieren, wenn sie nach so kurzer Zeit das Kloster wieder verlassen muss, und sucht einen Grund, sich zu rechtfertigen. Seit Adam ist es eine bekannte Sache: Schuld ist immer der andere. María behauptet, dass der Lebensstil im

Kloster und die Übung des betrachtenden Gebetes von den Alumbrados beeinflusst seien. Im April 1576 schreibt Teresa der Priorin in Valladolid einen Brief, in dem von den großen Schwierigkeiten in Sevilla zu lesen ist: *Wissen Sie, dass im Vergleich zu denen [gemeint sind die Schwierigkeiten], die ich hier durchgemacht habe, seit der Gründung von San José alles nichts war [...] Die Ungerechtigkeiten, die in diesem Land gang und gäbe sind, der Mangel an Wahrhaftigkeit, die Doppelzüngigkeit, sind etwas Seltsames [...]* (OC, Cta 99,2)

Aus eigener Erfahrung ist Teresa keine Freundin von halbgelehrten Priestern, da sie meint, von diesen mehr Schaden als Hilfe erfahren zu haben. Garciálvarez – so heißt der Beichtvater von María del Corro – ist einige Zeit Beichtvater der Schwestern in Sevilla. Aus den Briefen der hl. Teresa an María de San José, die Priorin von Sevilla, geht hervor, dass er zwar sehr gütig, jedoch unfähig ist. Seine Einmischung in bestimmte Angelegenheiten der Schwestern bringt die Priorin dazu, ihn als Beichtvater des Konvents abzusetzen.

Wie schwer ist es, fromm denkenden Menschen klarzumachen, dass ihre Einstellung und geistliche Beratung nicht zielführend sind. Vielleicht aus Ärger oder Enttäuschung unterstützt Garciálvarez María del Corro dabei, Teresa und die Klostergemeinschaft vor dem Consejo de la Inquisición (dem Inquisitionsrat) in Sevilla anzuklagen. Verblendet von ihrer verletzten Frömmigkeit übersehen sie die peinliche und leidvolle Zeit, die sie Teresa bereiten: Denn wir können den Mut verlieren oder gar resignieren, wenn wir sehen, wie Menschen, die einige

Zeit mit uns gemeinsam den Weg gegangen sind, sich gegen uns wenden und uns anzeigen. Neid und Eifersucht trüben Augen und Verstand der Menschen. Im Leben Jesu begann der Verrat im eigenen Kreis. Teresa nennt ihre Zeit in Sevilla *mein Ölberg,* gibt aber trotzdem nicht auf.

Der äußere Druck, die fehlende Akzeptanz den Frauen gegenüber, die Negation der Fähigkeit der Frauen, sich dem kontemplativen Gebet zu widmen, sind das Brot, das Vertreter der Kirche Teresa täglich servieren. Ausgrenzung ist eine harte Erfahrung, die Teresa auf mehreren Ebenen durchkostet:

Ausgrenzung als Frau,
als Frau, die betet,
als Frau, die mystisch begnadet ist,
als Frau, die eine Ordensgemeinschaft gründet.

Trotzdem sehen wir in ihren Schriften, dass nicht die Angst vor der Inquisition das Leben Teresas prägt, sondern die Sehnsucht, Gott und der Kirche zu dienen.

Prophetin in der eigenen Familie

Ausweichen, davonlaufen, aufgeben sind Begriffe, die nicht zu Teresa passen. Ihr Herz hört nicht primär auf die Leichtigkeit oder Machbarkeit des Unternehmens, sondern auf Jesus, auf das, was Jesus ihr sagt oder ihr zu erkennen gibt. Schwierigkeiten werden von ihr immer im Kontext des ihr gegebenen Wortes Gottes betrachtet und gelöst. Es geht ja nicht um ihre Person, ihren Erfolg, ihr Gut-Dastehen, es geht um das Werk Gottes, das durch Teresa geschehen soll: Nicht das Werkzeug (Teresa) steht im Vordergrund, sondern der Künstler: Gott.

Nirgends hat ein Prophet so wenig Ansehen wie in seiner Heimat und in seiner Familie, lesen wir im Evangelium (Mt 13,57). Im Karmelorden war und ist es auch heute für manche nicht leicht, anzuerkennen, dass Teresa de Ahumada die Gründerin des Unbeschuhten Karmels ist, der sinnvollerweise offiziell Teresianischer Karmel heißen soll.

Damals ist es in kirchlichen Kreisen schwer, zu verstehen, dass Gott eine Frau als Werkzeug ruft, sein Werk in der Kirche zu vollbringen. Mit großer Aufrichtigkeit berichtet Teresa von ihrer Begegnung mit Ambrosio Mariano in Madrid (HCT 52), der zu den ersten Karmeliten in Pastrana gehört. Man hört deutlich die eher ironische Bemerkung über die Rolle einer Frau: *Seine Majestät, die das wollte, rührte ihn in jener Nacht auf eine Weise an, daß er mich am nächsten Tag völlig entschlossen rief – noch ganz erstaunt über seine schnelle Wandlung, insbesondere darüber, daß eine Frau sie bewirkt hatte (dies sagt er mir auch jetzt noch manchmal); als ob dies der Grund gewesen wäre.* (F 17,9) Im Bericht der Beschuhten Karmeliten an Nuntius Sega, unterschrieben von Hernando Suárez und Diego Coria, wird als Gründer des Unbeschuten Karmels P. Antonio de Jesús und werden als Gründer der Unbeschuhten Karmelitinnen die Unbeschuhten Patres genannt. Der Name Teresa kommt im Zusammenhang mit der Gründung nicht vor. Innerhalb der eigenen Ordensgemeinschaft besitzt die Meinung von P. Doria – einem großen Karmeliten der ersten Zeit, der aber die charismatische Sendung Teresas nicht ganz verstanden hat – ein großes Gewicht: *Im Jahr 1568 gründete P. Antonio de Jesús, der ein beschuhter Karmelit war, von Gott bewegt und mit Erlaubnis von seinen Oberen das erste Kloster der Unbeschuhten Karmelitenbrüder in Duruelo, das später nach Mancera verlegt wurde.* (TMP 242)

Bewusst werden Stimmen aus dem Gedächtnis entfernt und Teresa wird zu einer Reformatorin ummodelliert, obwohl wichtige Persönlichkeiten sich nicht scheuen, Teresa als Gründerin zu nennen. In seinen Arbeiten erwähnt Johannes vom Kreuz den Wert der Schriften von *unserer Mutter Teresa*. Der berühmte Theologe Fray Luis de León, von der Inquisition einige Jahre eingesperrt, gibt die Schriften Teresas 1588, einige Jahre nach ihrem Tod, mit folgenden Worten heraus: *Die Bücher von Mutter Teresa von Jesus, Gründerin der Klöster der Schwestern und Brüder des Unbeschuhten Karmels.* (DST 989) Und

1590 schreibt P. Gracián aus Lissabon an die Gräfin von Osorno: *Der Herr bewahre Sie viele Jahre und mache Sie zum Werkzeug, die Vollkommenheit wiederherzustellen in diesem Orden von der Mutter Teresa gegründet.* (BMC 17, 301)

Mutter Gründerin

Groß sind die Schwierigkeiten bei der Gründung des ersten Klosters – San José in Ávila – im August 1562. Vorurteile, Angriffe, falsche Anschuldigungen, verschiedene Versionen und Interpretationen des Geschehens prägen die Gespräche der Stadt. Es gibt viel Unruhe und Aufruhr: Manche sind der Meinung, dass die Klostergründung eine Spinnerei sei und dass dieses nicht lange bestehen würde. Trotzdem bekennt sich Teresa zum Auftrag Gottes. Aber auch ernst zu nehmende Personen sind unsicher: *Dem Bischof kam es als großer Irrtum vor, wie er mir später sagte, obwohl er es mir damals nicht zu verstehen gab, um mir keine Schwierigkeiten und keinen Kummer zu bereiten, da er mich sehr liebte.* (F 3,3)
Auch in den eigenen Reihen wächst das Misstrauen. Teresas Schritte werden unterschiedlich bewertet: Die einen sehen darin den Anfang einer Erneuerung und neues religiöses Leben, andere aber glauben, versteckte Formen von Selbstverherrlichung und Ungehorsam zu erkennen. Der Teufel schläft nicht: Unsicherheit, Zweifel, Fragezeichen ... Wie oft tauchen solche Gedanken gerade in Momenten auf, in denen wir eher Aufmunterung und Bestä-

tigung bräuchten: *Etwa drei oder vier Stunden nach Been-digung der Feierlichkeiten erregt der böse Feind in meinem Innern einen Kampf, den ich jetzt beschreiben will. Er hielt mir vor, ich hätte in dem, was ich unternommen, übel ge-tan und gegen den Gehorsam gehandelt, weil ich das Klos-ter ohne Auftrag des Provinzials errichtet [...]* (V 36) Schlechtes Gewissen oder Skrupel? Oder „nur" eine Ver-suchung?

Ferner quälte mich der Teufel mit dem Gedanken, ob die Bewohnerinnen des Hauses bei einer so strengen Klausur zufrieden leben würden, ob es ihnen nicht an der notwen-digen Nahrung fehlen werde, und ob es nicht Torheit ge-wesen, dass ich mich in dieses Kloster begeben, nachdem ich mich doch schon in einem befand. (V 36) Man braucht viel innere Gelassenheit, um – aufgerüttelt durch solche Gedanken – die Echtheit der Motivation zu hinterfragen, ohne diesen Zweifeln nachzugeben.

Und wie schnell kann sich eine Situation ändern: Jene, die von unserer Idee begeistert zu sein scheinen, ver-schwinden beim ersten Gegenangriff von der Bildfläche. Sie möchten unseretwegen keine Schwierigkeiten ha-ben. Man erlebt die Einsamkeit des Schweigens in und um uns, und in der Tiefe hört man den Anruf, treu zum Herrn zu sein: *Alles, was mir der Herr zuvor befohlen, die vielen Gutachten anderer und die mehr als zwei Jahre lang fast ununterbrochen anhaltenden Gebete in dieser Angele-genheit: alles war aus meinem Gedächtnis entschwunden, als wäre es gar nicht geschehen.* (V 36)

Besuch des Ordensgenerals

Fünf Jahre sind bereits vergangen seit jenem 24. August 1562, dem Tag der Gründung in Ávila, als der Ordensgeneral Pater Rubeo 1567 beschließt, die Karmeliterklöster in Spanien zu visitieren. Die Begegnung mit dem Pater General ist keine leichte Sache für Teresa, denn es gibt innerhalb des eigenen Ordens genug Gegner. Verschiedene Gedanken, Fragen und Sorgen beschäftigen sie vor dem Treffen mit dem Oberen: Welche Informationen bzw. welche Intrigen und falschen Berichte sind diesem mitgeteilt worden?

Teresa beschreibt die Begegnung mit P. Rubeo: *Ich legte ihm ganz wahrheitsgetreu und in aller Aufrichtigkeit Rechenschaft ab, weil ich dazu neige, mit den Oberen, da sie ja an Gottes Stelle sind, – und ebenso auch mit den Beichtvätern – so zu sprechen, komme, was wolle [...] Er tröstete mich sehr und versicherte mir, er würde mir nicht befehlen, von hier wegzugehen.* (F 2,2) Teresa riskiert Aufrichtigkeit in der Begegnung – dies ist ihre Art, mit Oberen umzugehen –, ohne zu wissen, wie der Pater General dazu steht. Seine Reaktion ist Salböl für Teresas Wunden und ihren angeschlagenen Ruf innerhalb des Karmels: Er gibt ihr Vollmacht, weitere Klöster zu gründen, und zwar, wie Teresa humorvoll bemerkt, so viele, wie sie *Haare auf dem Kopf hat.*

Die wohlwollende und unterstützende Haltung des P. Generals wandelt eine verborgene Sehnsucht in Bewegung um: Teresa ist zwar zufrieden mit der Erlaubnis, weitere Frauenklöster zu gründen, sie würde aber gerne auch Männerklöster ins Leben rufen. Einige Personen intervenieren beim P. General und hoffen, dass er eine positive Antwort gibt. *Er wollte es veranlassen, stieß aber im Orden auf Widerspruch; und so ließ er es für damals sein, um die Provinz nicht in Unruhe zu versetzen.* (F 2,4) Teresa unterstreicht die Motivation des P. Generals: Er will die Mitglieder des Karmelordens in Kastilien nicht beunruhigen.

Aber es gelingt doch, die Erlaubnis zu erhalten: *Noch bevor er abreiste, bemühte sich Bischof Álvaro de Mendoza, der ein großer Förderer all jener ist, die Gott in größerer Vollkommenheit dienen möchten, um die Erlaubnis, in seinem Bistum einige Klöster für Unbeschuhte Brüder nach der ursprünglichen Regel gründen zu dürfen.* (F 2,4) Nach der Intervention des Bischofs von Ávila erlaubt der Pater General – bevor er nach Italien zurückfährt – die Gründung von zwei Männerklöstern.

Generalkapitel

Mit großer Freude erzählt Teresa von der Erlaubnis des P. Generals, Frauenklöster zu gründen. Auf ihren Bericht nach einer neuen Gründung hat dieser erwidert, dass die Gründung dieser Häuser ihn sehr erfreue.

Doch eines Tages erlebt Teresa eine große Ernüchterung. Sie ist ja überzeugt, im Sinne des höchsten Oberen zu handeln, und auch wenn Teresa den P. General entschuldigen will, ist ein Schreiben des Generalkapitels ein harter Schlag für sie: *Vor meiner Abreise nach Sevilla wurde mir jedenfalls vom Generalkapitel – bei dem ich dachte, sie würden die Verbreitung des Ordens wohl als Dienst ansehen – ein Befehl des Definitoriums überbracht, wonach ich nicht nur nicht mehr gründen, sondern auch auf keinen Fall das Kloster verlassen dürfe, das ich mir für meinen Aufenthalt erwähle – als wäre es ein Gefängnis.* (F 27,20)

Es ist nicht leicht, diesen Beschluss des Generalkapitels in Piacenza – einberufen am 22. Mai 1575 – zu verstehen, da Aussagen gegen Aussagen stehen, die nicht miteinander in Einklang zu bringen sind. (MHCT I 210.216) P. Ángel de Salazar, Provinzial der Karmeliten in Kastilien, berichtet, dass Teresa und die Schwestern exkommuniziert seien – obwohl das Kapitel nicht von Exkommunikation spricht. (DST 785) Wenige Worte sagen viel aus: Teresa ist enttäuscht, weil anscheinend den Teilnehmern am Generalkapitel die Verbreitung des Ordens kein Anliegen ist. Hart sind aber auch die dort getroffenen Entscheidungen, dass sie keine Klöster mehr gründen und das Kloster, das sie für sich aussucht, nicht mehr verlassen darf. *Mir war aber klar, dass dies nicht mit dem Willen unseres P. Generals geschah. Als ich ihn nämlich ersuchte, mir nicht zu befehlen, weitere Häuser zu gründen, schrieb er mir, er werde dies nicht tun; es sei ja sein Wunsch, dass ich so viele gründe, wie ich Haare auf dem Kopf habe – und das ist noch gar nicht viele Jahre her.* (F 27,20)

Es ist nicht leicht, solche Brocken zu verdauen: Hat der P. General zwei Gesichter? Hat das Generalkapitel den P. General überstimmt? Oder hat der P. General seine Meinung unerwartet geändert? Doch was bringen solche Überlegungen, wenn die Entscheidung bereits getroffen ist? In Anbetracht dieser Situation wagt Teresa folgende Aussage: *Entweder wollte Seine Majestät mir schon eine gewisse Ruhe schenken, oder es ärgerte den Teufel, weil so viele Häuser entstanden waren, in denen Unserem Herrn gedient wurde.* (F 27,19) Diese Worte zeigen innere Größe und Glaubensstärke: Sie sucht nicht einen Schuldigen, sie versucht vielmehr, die Hand Gottes hinter dieser „ungerechten" Entscheidung zu entdecken.

Reaktion

Ohne Teresas Gehorsamshaltung infrage zu stellen, gibt es einen Brief, der die Reaktion Teresas zum Ausdruck bringt. Als aufrichtiger Mensch passt Teresa die Handlungsweise des P. General nicht. Er benachrichtigt sie nicht direkt, so wendet sie sich im Februar 1576 an ihn: *[...] denn ich habe von anderer Seite Kenntnis davon erhalten. Ich versichere Ihnen, dass ich große Freude und Wonne empfunden hätte, wenn Sie mir in einem Brief diesen Befehl zugeschickt hätten.* (CT 46,12)

Teresa leidet, nicht so sehr aufgrund der Redereien des Ordens über sie, sondern weil der Ordensobere offiziell ihr Verhalten verurteilt hat: als Person, die die Normen des Konzils und die Dekrete des Papstes übertritt. *Wenn wir vor dem Angesicht Gottes erscheinen, werden Sie sehen, wie viel Sie Ihrer wahren Tochter Teresa de Jesús verdanken. Dies allein tröstet mich in den jetzigen Leiden, denn ich kann mir vorstellen, dass andere das Gegenteil sagen.* (CT 46,3)

Teresa fühlt sich ungerecht verurteilt. Sie kann sich vor den Menschen nicht verteidigen, macht den P. General darauf aufmerksam, dass er vor dem Angesicht Gottes den wahren Wert von Teresa entdecken werde. Bisweilen sind Erklärungen vor Menschen wirkungslos. Es geschieht aber zu dieser Zeit nicht selten, dass Obere auf Denunzianten hören, ohne die betroffene Person zu kontaktieren.

In Spanien versucht die Ordensleitung des Karmels, vor allem P. Ángel de Salazar, diese Handlungsweise zu rechtfertigen, indem sie mit den Beschlüssen des Konzils von Trient argumentiert. Teresas Gehorsam ist kein blinder, sondern ein verantwortungsvoller Gehorsam, deswegen wagt sie, ihr Verhalten zu erklären: *Hier hat man es nie anders verstanden, als dass das Konzil und das Motu proprio den Ordensoberen die Vollmacht überlässt zu befehlen, dass sich Nonnen zum Besten des Ordens in andere Klöster begeben, was gar oft vorkommen kann [...]* (CT 46,15)

Teresa lässt Un- bzw. Halbwahrheiten nicht gelten und erklärt, dass die Theologen, die ihre Berater seien, die Lehre des Konzils nicht so eng verstehen. Ihr Unaufrichtigkeit oder Ungehorsam vorzuwerfen, entspreche nicht der Wahrheit.

Anfang Oktober 1578 schreibt Teresa dem P. General einen Brief, den dieser jedoch nie erhält. Teresa weiß nämlich nicht, dass er bereits Anfang September gestorben ist. Die ausbleibende Antwort belastet Teresa sehr, da sie glaubt, der P. General sei von ihr aufgrund falscher Informationen enttäuscht. Durch Briefe sucht sie Klarheit zu bekommen, da es ihr aber nicht gelingt, überlegt sie, eine

Person zum P. General zu schicken mit dem Auftrag, die Missverständnisse aus dem Weg zu räumen.

In alldem zeigt sich, dass innere Kraft, die aus der persönlichen Verbindung mit Gott stammt, notwendig ist, um trotz Schwierigkeiten in der eigenen Ordensfamilie nicht aufzugeben.

Karmel

Teresa sieht ihren Karmel als eine Gruppe im Dienste der Kirche. Es ist ihr Wunsch, dass die Schwestern gemeinsam für all jene beten, die die Kirche verteidigen, ganz besonders für die Prediger und Theologen. Nicht jeder sieht allerdings das Werk der Gründungen mit den gleichen Augen, sagt doch die Volksweisheit: Es ist unmöglich abzustauben, ohne dass jemand zu husten beginnt.

Im bereits zuvor zitierten Brief an den P. General vom Februar 1576 bemerkt Teresa: *P. Provinzial, Ángel de Salazar, hat gesagt, dass ich exkommuniziert bin. Gott verzeihe ihm.* (CT 46,15)

Was kann Teresa noch erwarten? Im Namen des P. Generals und des Generalkapitels wird ihr befohlen, nicht mehr zu gründen. Was geht ihr durch den Kopf? Sieht Gott die Kampagne gegen Teresa nicht? Wo hat Gott sich versteckt?

Es ist Teresas Anliegen, das Leben zu gestalten, auf Gott horchend, der zu ihr durch die kirchliche Autorität, durch die Theologen und Beichtväter gesprochen hat. Teresa kämpft im Tiefsten des Herzens und hört, wie Gott zu ihr sagt: *Sag ihnen, dass sie nicht nur einen Text der Schrift zitieren, sondern auch andere lesen sollen, und ob sie mir die Hände binden möchten.* (R 19)

Es ist nicht leicht, auf Gott zu hören und ihm zu dienen, wenn die Worte, die wir im Tiefsten des Herzens hören, mit Entscheidungen der Autorität nicht übereinstimmen. Es gehört zu Teresas Haltung, immer auf das Wort der kirchlichen Leitung – oft in der Person der Beichtväter – zu hören. Ein Text aus *Weg der Vollkommenheit* bekräftigt diese innere Bereitschaft Teresas: *Ja, dein Wille geschehe, Herr, es erfülle sich an mir alles, was Du möchtest und wie Du es wünscht. Willst Du, dass es durch Leiden geschehe, so gib mir Kraft und ich will es ertragen. Willst Du, dass es durch Verfolgung geschehe, durch Krankheit, Not oder Entbehrungen: Siehe, hier bin ich, ich werde nicht davor fliehen.* (C 32,10)

Staunen, Bewunderung ...

Die Bejahung des Willens Gottes im Leben setzt manche innere Auseinandersetzungen voraus. Es ist nicht leicht, sich Gottes Plänen zu überlassen. Die Person Teresas wird Schritt für Schritt geschliffen, Schwierigkeiten dämpfen ihren Glanz nicht, sondern bringen ihn zum Vorschein. Groß ist das Vertrauen zum Du-Gott, den die Mystikerin erfahren hat: Wie eine Tonmasse vertraut sie sich den Händen des Töpfers an.

Die Sorgen einer Mutter

Hindernisse entstehen nicht nur aus „zu wenig", sondern unter Umständen auch aus „zu viel". Wiederholt spricht Teresa in ihren Schriften von zu viel Observanz und zu viel Eifer als Gefahren für die Kirche: Vieles könne dadurch kaputt gemacht werden, wobei nicht so sehr der Eifer oder die Observanz im Vordergrund stehen, sondern das Zuviel.

„Es gut zu meinen" reicht gleichfalls nicht aus, um einen gesunden Weg des Glaubens zu gehen. Nicht selten kommt es bei frommen Personen zu Einseitigkeit oder zu Übertreibungen, die sich negativ auswirken.

Teresa erinnert sich in ihrer *Autobiographie* an mehrere Situationen, in denen es zu krankmachenden Entwicklungen gekommen ist. Die Gefahr der Übertreibung und Einseitigkeit im Religiösen ist keine Seltenheit. Jeder Mensch hat gewisse Fähigkeiten, die seine Einmaligkeit sichtbar machen. Diese Tatsache kann uns dazu führen, von den anderen genau jene Haltung zu erwarten, die uns persönlich liegt. Gerade in einer Ordensgemeinschaft – wie auch in der Kirchengemeinschaft – ist es wichtig, dass die Leitung die Verschiedenheit der Mitglieder vor Augen hat, ohne Kurzsichtigkeit und Einbildung zu übersehen.

Duruelo

Es ist kein leichter Weg, in kurzer Zeit die ersten Mitglieder und ein adäquates Haus für die Gründung eines Klosters für Patres zu finden. Während Teresa im August 1567 in Medina del Campo weilt, sucht sie den Kontakt mit den dortigen Karmeliten – in der Hoffnung, bald tugendhafte Patres für das neue Kloster zu finden.

Die Gründung des ersten Männerklosters 1568 entwickelt sich dann wie ein märchenhafter Roman. Ein Edelmann aus Ávila, der von der Idee einer Gründung eines Männerklosters gehört hat, macht Teresa das Angebot, ihr ein Haus zu schenken, um dort das Kloster zu errichten. Das Haus befindet sich in einem Dorf, das zu dieser Zeit nur etwa zwanzig Einwohner hat. Die Fahrt dorthin trübt die ursprüngliche Freude über das Geschenk, denn das Dorf ist so unbedeutend, dass es kaum Wegweiser gibt. Teresa berichtet über die Reise: *Wir reisten zwar gleich am Morgen ab, verfehlten jedoch den Weg, weil wir ihn nicht kannten [...] So kamen wir erst kurz vor Einbruch der Nacht an. Beim Betreten des Hauses fanden wir es in einem solchen Zustand vor, dass wir es nicht wagten, dort zu übernachten: Es war nämlich viel zu schmutzig, und außerdem befanden sich auch viele Saisonarbeiter dort.* (F 13,3)

Man braucht eine gewisse Portion an Humor und innerer Gelassenheit, um im Angesicht eines solchen Geschenkes nicht den Mut zu verlieren ... Oder braucht man vielmehr Glauben, um anzunehmen, dass Gott in der Lage ist, aus so einem kleinen Anfang etwas Großes zu machen?

Das Haus hatte eine annehmbare Vorhalle, ein Doppelzim-
mer mit einer Dachkammer und eine kleine Küche – aus
diesen Räumlichkeiten bestand unser ganzes Kloster. Ich
überlegte, dass man in der Vorhalle die Kirche einrichten
konnte und in der Dachstube den Chor (was gut passte),
und schlafen konnte man im Zimmer. (F 17,3)

Mit Teresa ist eine zweite Schwester nach Duruelo gekommen, die den armseligen und zum Teil baufälligen
Zustand des Hauses mit anderen Augen sieht. *Obwohl*
meine Mitschwester um einiges besser war als ich und sehr
gern Bußübungen machte, konnte sie nicht verstehen, dass
ich daran dachte, dort ein Kloster zu errichten. So sagte sie
zu mir: „Es gibt sicher keinen Geist, und wenn er noch so
gut ist, der das ertragen könnte, Mutter." (F 13,3)

Der Stall von Betlehem

Freude und Selbstverleugnung nimmt Teresa bei den ersten Kandidaten für die Unbeschuhten Karmeliten wahr.
P. Antonio Heredia (de Jesús) ist bereit, auf seinen Posten
als Prior der Beschuhten in Medina del Campo zu ver-
zichten. Johannes vom Kreuz, ein junger Priester, der vor
kurzer Zeit Primiz gefeiert hat, fährt mit Teresa nach Valladolid, um die Lebensart des neuen Karmels an Ort und
Stelle kennenzulernen.

Die erste Begegnung mit dem „Stall von Betlehem", wie
die Mutter Gründerin das neue Kloster in Duruelo nennt,
erweckt in Teresa große Bewunderung und Dankbarkeit
Gott und den Menschen gegenüber, die diesen Weg ge-

hen. Die Armut des Hauses und der Dachboden, der als Chor dient, lassen Teresa zum Vergleich mit dem Stall von Bethlehem greifen. Diese Bewunderung macht Teresa aber nicht blind: Sie betont die Begeisterung und Hingabe der Mitbrüder, sieht aber in ihrem Eifer die Gefahr der Übertreibung. Denn zu viel des Guten, zu viel Abtötung, zu viel Armut kann ein Weg zu einer einseitigen Entwicklung sein, die sowohl zu Leistungsreligiosität als auch zur Verachtung der menschlichen Grundbedürfnisse führen kann. *Nachdem jene Patres und ich einige Dinge besprochen hatten, bat ich – da ich engherzig und schwach bin – sie sehr darum, in Sachen der Abtötung nicht so streng vorzugehen, wie sie es taten. Da es mich ja so viel an Wünschen und Gebeten gekostet hatte, dass der Herr mir jemanden für den Anfang schickte, und ich jetzt einen so guten Beginn sah, fürchtete ich, der Teufel würde das Werk dadurch zerstören, bevor meine Erwartungen in Erfüllung gingen.* (F 14,12)

Zwischen den Zeilen ist manches zu lesen. Gott hat uns Herz und Verstand gegeben, damit wir ihm ganz gehören, als ganze Menschen. Teresa ist nicht zu wenig tugendhaft, weil sie Bedenken äußert; sie besitzt vielmehr einen tiefen Spürsinn, der sie Gefahren frühzeitig erahnen lässt.

Der Beginn dieser neuen Form des Karmellebens kostet die Mutter Gründerin viel, nicht so sehr an Geld, sondern an persönlichem Aufwand: Spannungen, Redereien, Unterstellungen. Am Beginn sind auch die drei Karmeliten in Duruelo, P. Antonio, P. Johannes und Bruder Josef, mit viel Verzicht und Spott konfrontiert. Soll jetzt der Versucher unter dem Deckmantel von Abtötung und Observanz das ganze Vorhaben zerstören? Es gibt im Ordensleben Werte, die für Teresa viel wichtiger sind als Abtötung und Strenge.

Johannes vom Kreuz

Freundschaft und gegenseitige Wertschätzung sind nicht identisch. Obwohl Teresa und Johannes vom Kreuz einander fünfzehn Jahre lang kennen, besteht zwischen ihnen keine tiefe Freundschaft; dafür sind ihre Charaktere zu verschieden. Sie treffen einander 1567 zum ersten Mal in Medina del Campo. Teresa weilt dort wegen der Gründung des zweiten Klosters; Johannes hat in Salamanca studiert. Große Achtung für ihn drücken die Worte Teresas in einem Brief an einen eng befreundeten Christen aus: *Obwohl er von Natur aus klein ist, so weiß ich doch, dass er groß ist in den Augen Gottes.* (OC, Cta 13)
Immer wieder betont Teresa die Eigenschaften des kleinen Paters. Sie ist davon überzeugt, dass Johannes vom Kreuz für die neue Lebensform sehr geeignet ist, da sie bei ihm nie eine Unvollkommenheit gesehen habe. Sie glaubt mit ihm einen guten Mann für den Anfang dieser Lebensform gefunden zu haben, da er ein Mensch sei, der betet und einen gesunden Hausverstand hat. Johannes vom Kreuz gehört also zu den ersten Karmeliten in Duruelo, Teresa hält allerdings fest, dass der erste Karmelit P. Antonio de Jesús ist. Hier ist nicht eine Geringachtung der Rolle des Johannes zu hören, sondern vielmehr eine sehr kluge Rücksichtnahme auf den Schritt des P. Anto-

nio, der ja auf sein Amt als Prior verzichtet hat, um Unbeschuhter Karmelit zu werden. Jesus, der Gott gleich war, so lesen wir im Brief an die Philipper, *entäußerte sich und wurde wie ein Sklave und den Menschen gleich* (Phil 2,7). Trotz dieses Vorbilds ist es auch in kirchlichen Kreisen kein leichter Schritt, von einer höheren Position herunterzusteigen. Die Umsicht der Mutter Gründerin ist also groß: Während sie dem tugendhaften Johannes vom Kreuz manches zumuten kann, ist ihr bewusst, wie empfindlich P. Antonio de Jesús sein kann.

Kurze Unterbrechung

Im Jahre 1571 wird Teresa zur Priorin des Klosters der Menschwerdung, dem Convento de la Encarnación, in Ávila ernannt, jenes Klosters, in dem sie selbst achtundzwanzig Jahre gelebt hatte, bevor sie die Gründung in San José vornahm. Es ist keine leichte Entscheidung für die Gründerin, diese Ernennung anzunehmen: Denn aus dem Kloster der Menschwerdung in Ávila war sie ursprünglich ausgezogen, um das Kloster San José zu gründen – dieser Schritt brachte ihr dort nicht so sehr Applaus, sondern vielmehr Verleumdungen und falsche Anschuldigungen.

Das Amt der Priorin zu übernehmen, bedeutet für Teresa nun, für drei Jahre ihre Gemeinschaft zu verlassen. Ob dies gut ist? In einem Zwiegespräch mit Gott hört Teresa, wie Gott ihr sagt: *O Tochter, Tochter! Die im Menschwerdungskloster sind Schwestern von mir, und du zögerst noch? Auf, hab Mut; schau, ich will es, und es ist nicht so schwierig, wie du denkst [...]* (R 20) *Ich will es* – das ist für Teresa ausschlaggebend. Sie entscheidet sich, dorthin zu gehen, auf Gott horchend.

Bald stellt sie fest, dass die spirituelle Atmosphäre des Klosters eher mangelhaft und oberflächlich ist. Wer könnte sie unterstützen bei ihrer Bemühung, den Geist der Gemeinschaft zu erneuern? Als Hilfe, das geistliche Leben der Schwestern zu vertiefen, holt Teresa Johannes vom Kreuz und einen Begleiter als Beichtvater. In der folgenden Zeit werden spirituelle Fortschritte im Leben der Schwesterngemeinschaft festgestellt; doch nicht jeder freut sich über die positive Entwicklung im Karmel der Menschwerdung.

Seneca im Gefängnis

Die „Unbeschuhten" – unter diesem Namen sind die Patres und die Schwestern von Teresa bekannt – machen eine ganz schwierige Phase durch. Seit der Bekanntgabe der Entscheidungen des Generalkapitels in Piacenza 1575, vor allem aber nach dem Tod von Nuntius Ormaneto im Jahr 1577, wird der Lebensraum der Unbeschuhten Schwestern und Brüdern immer enger. In solchen Zeiten sucht man eine Sprache, die *die Feinde* nicht verstehen: Teresa heißt intern Laurentia, Johannes vom Kreuz heißt Seneca und P. Gracián heißt Pablo.

Eines Tages wird Johannes vom Kreuz auf Befehl des Priors von Ávila von den Beschuhten aus dem Menschwerdungskloster entführt und nach Medina del Campo gebracht. Ganz im Geheimen wird der junge Pater verschleppt und eingesperrt, ohne am Anfang zu wissen, wo er sich befindet. Teresa denkt an Suchaktionen und wagt es, Briefe zu schreiben. Mutig wendet sie sich an den P. General und auch an König Philip II.: *Um der Liebe unseres Herrn willen bitte ich darum Eure Majestät, anordnen zu wollen, dass dieser Diener Gottes sogleich in Freiheit gesetzt wird.* (CT 58,7) Der Diener Gottes wird jedoch nicht freigelassen. Diplomatisches Gleichgewicht zwischen dem König und dem päpstlichen Nuntius ist nicht Sache eines Tages.

Nach den Beschlüssen des Kapitels von Piacenza, das in Zusammenhang mit der Inquisition bereits erwähnt wurde, muss Teresa in einem Kloster bleiben, während Johannes vom Kreuz im Gefängnis seine dunkle Nacht durchlebt. Nicht einmal Teresa kann sich so eine Situation erklären, da sie von der Tugend des Johannes überzeugt ist. In ihrer Trauer schafft sie sich ein Ventil in Briefen an Freunde: *Gott behandelt fürchterlich seine Freunde* (OC, Cta 217), schreibt sie eines Tages.

Die Zeit vergeht und Johannes vom Kreuz bleibt im Kloster von Toledo gefangen. Teresa geht alles zu langsam, jene Personen, die intervenieren könnten, brauchen einfach zu lange, Teresa denkt an den Beichtvater des Nuntius, an bekannte Persönlichkeiten ... Doch endlich erreicht Teresa die Nachricht, dass Johannes frei sei. Erfüllt von Freude darüber schreibt sie im August 1578 an P. Gracián: *Neun Monate lang befand er sich in einem sehr engen Kerker, in dem er, so klein er auch an Gestalt ist, kaum aufrecht stehen konnte. Während dieser Zeit ließ man ihn, obgleich er todkrank war, nicht einmal das Unterkleid wechseln [...] Während der ganzen Zeit seiner Gefangenschaft hat ihn niemand besucht. Ich beneide diesen heiligen Mann recht sehr. Gepriesen sei unser Herr, der ihn zur Erduldung eines solchen Martyriums für fähig befunden hat.* (OC, Cta 243) Die Härte im Umgang mit dem Gefangenen, das tugendhafte Verhalten des Johannes und die Tatsache, dass niemand ihn besucht hat, beschäftigen Teresa. Hat die junge Ordensgemeinschaft Angst vor weiteren Repressalien, sodass es niemand gewagt hat, Johannes im Kerker zu besuchen? Gott mutet den Menschen das zu, was sie mit seiner Kraft bewältigen können. In den Augen Teresas besitzt Johannes als geistlicher Begleiter, Beichtvater und mystisch Erfahrener eine besondere Stellung, dies unterstreicht sie mit den Worten, dass Gott Johannes für fähig gefunden habe, *so ein Martyrium zu ertragen.* (OC, Cta 243) Gottes Wege sind stets Wege des Heils.

Verfolgung

Immer wieder hat Teresa Schwierigkeiten zu überwinden, ohne dass sie darüber berichtet. Eines Tages aber erreichen diese Probleme einen Höhepunkt: *Nach Abschluss der Gründung des Klosters von Sevilla wurden die Gründungen für mehr als vier Jahre aufgegeben. Die Ursache lag darin, dass ganz plötzlich heftige Verfolgungen gegen die Unbeschuhten Karmeliten und Karmelitinnen einsetzten. Zwar hatte es auch früher schon Verfolgungen gegeben,*

aber nicht in einem so extremen Ausmaß wie jetzt, so dass
alles knapp vor dem Untergang stand. (F 28,1)

Was ist geschehen? Immer schon hat es Informanten und
Neider gegeben. Erfolgsmeldungen trüben die Augen
mancher Ordensmitglieder, die den Anfang, den Teresa gesetzt hat, nicht gutheißen können oder wollen. Bis
Rom dringen negative Meldungen über das Verhalten
der Unbeschuhten vor, und obwohl der P. General mit
den Schwestern auf gutem Fuß steht, sind ihm aufgrund
von einseitigen Berichten die Männerklöster ein Dorn im
Auge.

Teresa machte einen inneren Kampf durch: Um in dieser
Situation keinen unklugen Schritt zu setzen, handelt sie
nach dem Rat von wichtigen Theologen. Dennoch zer-
reißt es ihr das Herz, hören zu müssen, dass sie gegen den
Willen des Generals gehandelt habe. Sie fühlt sich innerhalb der eigenen Karmelgemeinschaft verurteilt, obwohl
es ihr ein Anliegen ist, dem Orden der seligen Jungfrau
Maria zu dienen.

Aufgeben oder durchhalten in der Gewissheit, dass Gott
manches zulässt, um uns reifen zu lassen? Die Antwort
Teresas ist ganz klar: durchhalten, denn ihr Werk ist nicht
so sehr ihr Werk, sondern das Werk Gottes. Karl Deurin-
ger schreibt dazu in *Weisheit der Liebe: Orden kann man*
nicht gründen als zweckrationale Organisationen, sondern
sie sind Frucht einer religiösen Bewegung, die ihren Quell-
grund und Ursprung in der Tiefe eines menschlichen Her-
zens hat, das die Botschaft Jesu ernst nimmt, das sich be-
tend in der Offenbarungswirklichkeit versenkt und in dem
eine große Liebe zu Ihm entbrennt. (CI 1982)

Hindernisse

Oft hat Teresa in der Stille die Frage des Herrn gehört, ob er sie irgendwann im Stich gelassen habe. *Oh, mein Gott, wie viel habe ich in diesen Angelegenheiten für unmöglich gehalten und wie einfach ist es Seiner Majestät gewesen, die Hindernisse zu beseitigen! Wie sehr schäme ich mich, dass ich nach allem, was ich gesehen habe, nicht besser geworden bin!* (F 13,7)

Im Angesicht Gottes entdeckt der Mensch seine eigene Größe, die er doch als Grenze, Zaghaftigkeit oder Mangel an Mut und Vertrauen erlebt. Teresa berichtet von Erfahrungen des Vertrauens. Sie weiß, wie wichtig es ist, Gott manches zuzutrauen.

Machtspiele

Der Dominikaner Bartolomé Carranza ist Erzbischof von Toledo. Als Teresa in der Absicht, ein Frauenkloster zu gründen, im Jahr 1569 nach Toledo kommt, befindet sich der Erzbischof außerhalb der Diözese, eingesperrt von der Inquisition. Diese Tatsache erschwert es erheblich, die Erlaubnis für die geplante Gründung zu erlangen. Da die Aussichten auch nach zwei Monaten immer schlechter werden, sieht sich Teresa gezwungen, persönlich vor dem Vertreter des Erzbischofs zu erscheinen. Mutig und entschlossen geht sie zu ihm: *Als ich vor ihm stand, erklär-te ich ihm, es sei hart, dass es Frauen gäbe, die in großer Strenge, Vollkommenheit und Zurückgezogenheit zu leben wünschten, während diejenigen, die nichts davon durch-machten, sondern ein Leben in Behaglichkeit führten, Wer-ke verhindern wollten, die einen so großen Dienst an Unse-rem Herrn bedeuten. Dies und noch ziemlich viel anderes sagte ich ihm, und zwar mit einer großen Entschlossenheit, die mir der Herr eingab. Meine Worte rührten sein Herz derart, dass er mir die Erlaubnis erteilte, noch bevor ich ihn verließ.* (F 15,5)

Charme oder Überzeugungskraft? Sie wirft den Männern der Kirche vor, selbst ein bequemes Leben zu führen und Werke im Dienste Gottes zu verhindern. Denn es gehört zu den wiederkehrenden Erfahrungen religiöser Men-schen: Sie haben bei der Verwirklichung ihres Glaubens-lebens keine Probleme mit Gott, wohl aber mit seinem Bodenpersonal.

Teresa kostet die Spannungen durch, die im Verborge-nen das christliche und das kirchliche Leben Toledos prägen. 1569 kommt es zwar zur Gründung des Klos-ters, da sich die Situation entspannt, doch auch für In-sider ist es nicht zu verstehen, warum die Schwestern so viel Armut und Not erleiden müssen: *Einige Tage lang lebten wir dort nur mit den Strohsäcken und der Decke, ohne weitere Wäsche, und am Tag der Besitzer-greifung besaßen wir nicht einmal ein Stück Brennholz, um eine Sardine zu braten [...] Es mag wohl unmöglich erscheinen, dass wir uns in so große Armut begaben, wo wir doch im Haus jener Frau wohnten, die mich so gern hatte.* (F 15,13) Teresa sieht ein, dass Menschen, die von ihrer Freundschaft mit Luisa de la Cerda – der genannten Frau – wissen, beim Lesen dieser Sätze den Kopf schütteln werden.

Toledo

Es ist nicht das erste Mal, dass Teresa nach Toledo, in die Stadt ihrer Vorfahren väterlicherseits, gekommen ist. In der *Autobiographie* berichtet Teresa von einer reichen Dame, Luisa de la Cerda, die den Pater Provinzial gebeten hat, die Nonne Teresa de Ahumada zu ihr zu schicken, damit sie sie nach dem Tod ihres Mannes tröste. Im Jahr 1562 verbringt Teresa einige Monate bei ihr, die sich im Nachhinein als eine providenzielle Zeit bei der Vorbereitung der ersten Klostergründung im August auswirken. Zwischen beiden Damen wächst eine tiefe Freundschaft, religiöse Sehnsucht verbindet sie miteinander.

Als Teresa Jahre später wieder nach Toledo kommt, um – wie oben erwähnt – ein Kloster zu gründen, muss sie feststellen, dass nicht Luisa, die angesehene christliche Dame, sondern einige Geschäftsleute die Gründung des Klosters unterstützen. Die meisten von ihnen sind konvertierte Juden, die in Toledo leben. Auch Teresas Großvater hatte ja zu diesen Kaufmännern gehört, bevor er nach seiner Bekehrung zum katholischen Glauben mit seinen Söhnen nach Ávila ausgewandert war. Hier in Toledo erlebt Teresa nun die Freundschaft und das Wohlwollen jener Menschen, die ihre Familie gekannt haben, doch sie verschweigt das Thema ihrer Abstammung und der Bekehrung.

Teresa lässt sich auch nicht auf die Frage ein, warum ihr die Freundin bei der Gründung in Toledo nicht geholfen hat. Sie versucht, etwas Positives in der entstandenen Situation zu sehen. *Den Grund dafür kenne ich nicht, außer dass Gott uns die Vorteile dieser Tugend erfahren lassen wollte. Ich bat diese Frau auch um nichts, weil es mir widerstrebt, lästig zu sein, und glücklicherweise bemerkte sie es auch nicht.* (F 15,13) Die Größe Teresas, die in diesen Sätzen zum Ausdruck kommt, dürfen wir nicht übersehen. Sie nimmt keinen Anstoß am Verhalten ihrer reichen Freundin, der angesehenen Christin, und erwähnt auch nicht den Grund, warum ihre Freundin in dieser Situation nicht hilft. *Sie bemerkte es nicht* klingt wie der Versuch, eine Entschuldigung zu finden. Eine menschliche, allzu menschliche Reaktion! Ihre Freundin, die große Dame Luisa de la Cerda, könnte enttäuscht sein oder sich vielleicht geschämt haben, weil Teresa die finanzielle Unterstützung von Judenchristen angenommen hat.

Es ist nicht immer leicht, das Miteinander von Altchristen und Neuchristen oder konvertierten Juden. Sie leben zwar miteinander, zwischen beiden Gruppierungen existiert, wie wir bereits gesehen haben, allerdings ein gewisses Misstrauen und eine innere Distanz. Ob Teresa unter diesen Machtspielen zwischen den Altchristen und den Geschäftsleuten leidet, erwähnt sie nicht.

Teresa von Ávila

Romanische Kirche von San Segundo in Ávila

Hof der Universität in Salamanca

Karmelkirche in Segovia – Grabstätte von Johannes vom Kreuz

Pater Gracián

Heilige und Theologen

Nicht so sehr Macht an sich ist schlecht oder gut, sondern der Umgang mit der Macht kann schlecht oder gut sein. Pedro aus der Ordensgemeinschaft der Franziskaner, 1499 in Alcántara geboren, besser bekannt als Petrus von Alcántara, gilt bis heute als großer Prediger und Mystiker.

Wiederholt bringt Teresa in ihrer *Autobiographie* diesem Heiligen gegenüber Dankbarkeit zum Ausdruck, da seine Präsenz ihr in schwierigen Momenten große Hilfe bedeutet: *Dieser heilige Mann gab mir in allem Licht und erklärte mir alles. Er sagte, dass ich mir keine Sorgen machen, sondern Gott loben sollte.* (V 30,5) Er ermutigt sie in ihrem Gebetsleben und bestätigt ihr, dass Gott Frauen mystische Gnaden öfter schenkt als Männern. Mit Freude wird sie auf diese Aussage des Heiligen hinweisen. Große Hochschätzung drücken auch jene Sätze aus, die Teresa in ihrer *Autobiographie* dem hl. Petrus von Alcántara widmet: *Dieser Heilige war ein Mann unserer Zeit, sein Geist aber war so stark wie in früheren Zeiten, und so hatte er die Welt unter den Füßen. Frauen schaute er niemals an, und das viele Jahre lang. Er war jedoch schon sehr alt, als ich ihn kennenlernte, und so extrem abgemagert, dass es aussah, als sei er aus Baumwurzeln zusammengeflochten. Bei all dieser Heiligkeit war er dennoch sehr liebenswürdig, wenn auch wortkarg, außer man stellte ihm Fragen. Da aber war er sehr wohltuend, denn er hatte einen sehr hellen Verstand.* (V 27)

Lange Zeit hat Teresa mit der Frage gekämpft, ob Klöster *ohne fixe* oder auch *mit fixen* Einkünften zu gründen seien. *Ohne Einkünfte* bedeutet, dass die Schwestern von Almosen leben, was aber nur in einer größeren Stadt möglich ist. *Fixe Einkünfte* besagt, dass die Gründer des Klosters den Unterhalt der Schwestern finanziell unterstützen. Zu Beginn ihrer Gründungstätigkeit kann Teresa bei dieser Frage auf die Unterstützung des hl. Petrus von Alcántara zurückgreifen – er hat reiche Erfahrung durch die Bewegung der Alcantariner erworben. In einem Brief ersucht der Heilige Teresa, nicht auf jene zu hören, die ihr von Klöstern mit fixen Einkünften erzählen. Diese Worte haben großes Gewicht für Teresa, die sich dazu entscheidet, ihre Klöster ohne fixe Einkünfte, d. h. auf Almosen angewiesen, zu gründen.

Von angesehenen Theologen erfährt Teresa jedoch eines Tages, dass das Konzil von Trient die Gründung von Klöstern mit fixen Einkünften erlaubt. *Als ich mit Gelehrten und mit meinem Vater darüber sprach, erklärten sie mir, ich handle nicht recht. Da das heilige Konzil die Erlaubnis zu Einkünften gibt, dürfe die Gründung eines Klosters nur wegen einer persönlichen Meinung von mir nicht unterlassen werden.* (F 9,3) Ab diesem Zeitpunkt – der Gründung von Malagón im April 1568 – entscheidet sich Teresa, in kleineren Orten oder Städten Klöster mit fixen Einkünften zu gründen, um die Schwestern frei von unnötigen Sorgen zu sehen.

Durch Gottes Gnade

In der Meinung, der Leitung der Diözese Freude zu bereiten, will Teresa auch in ihren letzten Lebensjahren
Schritte unternehmen, um ein neues Kloster zu gründen. In Burgos trifft sie dabei auf Spannungen zwischen
zwei Persönlichkeiten, die ein und dasselbe Thema von
verschiedenen Perspektiven betrachten: Hat sie vielleicht
übersehen, dass die Idee der Gründung ursprünglich
nicht so sehr vom Erzbischof von Burgos stammt, sondern von ihrem Freund, dem Bischof von Palencia? Können die Bedenken und das Zögern des Erzbischofs damit
in Zusammenhang stehen?
*Mein Herr, warum befiehlst du mir Dinge, die unmöglich
zu sein scheinen?* (V 33,11) Aufgrund der vielen Krankheiten und der Kälte wendet sich Teresa fragend an Gott:
*Es wäre ja Verwegenheit, mich auf eine so lange Reise zu
machen, nachdem ich eben erst von der so widrigen bei der
Heimreise von Soria zurückgekommen war.* (F 31,11) Ist
es, um den Menschen zu prüfen, oder ist es, um im Angesicht großer Schwierigkeiten die Größe der Liebe Gottes zu erfahren? Viele Momente der Verlassenheit warten
hier auf Teresa – doch der Herr ist mächtig und gibt ihr
immer wieder Mut und Zuversicht, das begonnene Werk
zur Vollendung zu bringen.
Der Erzbischof von Burgos ist für die Gründerin kein
Unbekannter. Er stammt aus der Familie Vela und ist der
Sohn des Vizekönigs Cristobal Vela in Peru; einige Brüder Teresas haben an seiner Seite gekämpft. Ist der Erzbischof launenhaft oder doch herrisch? Auf sein Wohlwol-

len angewiesen zu sein, ist keine angenehme Ausgangs-
position für Teresa. Doch im Laufe der Zeit dürfte der
Erzbischof seine Meinung geändert haben. Anscheinend
freut es ihn, dass die berühmte Mutter Teresa nach Burgos kommt, ohne auf die Strapazen der Reise bzw. ihren
Gesundheitszustand Rücksicht zu nehmen.

Der Weg dorthin ist besonders im Winter mit großen
Schwierigkeiten verbunden. Am 2. Jänner 1582 verlässt
Teresa Ávila in Richtung Burgos, wo sie am 26. Jänner
ankommt. Unterwegs besucht sie kurz die Klöster von
Medina del Campo, Valladolid und Palencia. Da es viel
geregnet hat, ist alles überflutet: *Weil die Wagen oft im
Schlamm steckenblieben, mussten wir die Tiere des einen
Wagens beim anderen vorspannen, um ihn herauszuho-
len.* (F 31,17) Dieser Bericht verrät zwischen den Zeilen,
wie froh Teresa und die Schwestern sind, als sie gesund
in Burgos ankommen. Die sofortige Rückkehr nach Ávila
aufgrund einer launenhaften Stimmung des Erzbischofs
ist eine Zumutung.

Der Erzbischof gibt zu erkennen, dass die Erlaubnis zur
Klostergründung seine private Sache sei, und ist nicht bereit, die Erlaubnis schriftlich zu geben. Es ist ein Unterschied, ob ein Mensch Macht hat oder nicht – die Macht
scheint manche Menschen glauben zu lassen, dass sie un-
fehlbar sind. Die Interventionen durch den guten Bischof
Álvaro de Mendoza – ein großer Förderer Teresas, der
bei der ersten Gründung im Jahre 1562 Bischof von Ávila
war und nun Bischof von Palencia ist – führt beinahe zur
Feindschaft zwischen den beiden Kirchenmännern. Man
braucht viel Geduld und innere Kraft, um nicht aufzuge-

ben, sondern daran zu glauben, dass Gottes Wort Wirklichkeit wird.

Da der Erzbischof sowohl als zornig als auch als gütig bekannt ist, entscheidet sich Teresa schließlich, auf einen günstigen Zeitpunkt zu warten. Der Erzbischof macht pausenlos Schwierigkeiten, auch wenn er dabei den Eindruck von Klugheit erwecken will. Die Gründerin findet keine zwingenden Argumente in den Ausreden des Kirchenmannes. Erst nach wiederholten Gesprächen und Verhandlungen werden die Fronten langsam klar. Doch die weitere Entwicklung der Angelegenheit lässt ein verstecktes Problem erahnen: Machtspiele – in politischer und religiöser Verpackung präsentiert – sind Mauern, die jeden weiteren Weg erschweren. Diese Mauern, die wir um uns bauen, bedeuten nicht nur Schutz, sondern auch Einengung.

Die Zeit vergeht, P. Gracián, der mit Teresa nach Burgos gekommen ist, hat mittlerweile andere Verpflichtungen übernommen und verlässt die Gruppe zum großem Leidwesen der Mutter Gründerin, die den von ihr so geliebten Pater Provinzial nicht mehr sehen wird.

Geduld erreicht alles, heißt es in einem Gedicht von Teresa. Von Ende Jänner 1582 bis Mitte April desselben Jahres warten die Schwestern in Burgos sehnsüchtig auf die Erlaubnis des Erzbischofs.

Stolpersteine

Schwierigkeiten haben ihren Ursprung nicht selten in
uns selbst oder in unserer Umgebung:
in der Zaghaftigkeit unseres Herzens,
in den Grenzen unserer Religiosität,
im Mangel an Mut,
im Misstrauen der Mitmenschen,
in unserer Angst.

Wir suchen die Nähe der Guten, jener Menschen, die religiöse Akzente zu setzen versuchen. Doch die Guten sind
unter Umständen Feinde des Besseren und Wesentlicheren. Teresa hat damit nicht gerechnet.
Es wird eine traurige Erfahrung für sie: die Verfolgung,
das Desinteresse, die Verachtung jener Menschen, die der
Meinung sind, religiös und fromm zu leben. Solche Menschen bereiten ihr Schwierigkeiten, verleumden sie und
meinen, damit Gott einen Dienst zu erweisen.

Die Verfolgung durch die Guten

Nach Überwindung großer Schwierigkeiten gelingt es
Teresa 1562, ein strenges Kloster in ihrer Heimatstadt
Ávila zu gründen: Es beherbergt nur wenige Schwestern,
die in Klausur leben und sich dem Gebet für die Kirche

widmen. Gute und wertvolle Absichten stehen dahinter, doch es fehlt nicht an Bemerkungen und Kommentaren einiger Schwestern aus dem alten Kloster und des einfachen Volkes, die sich fragen, ob es sich auszahle, so viel Unruhe in der Stadt zu stiften. Diese Situation geht an Teresa nicht spurlos vorüber: *Dazu kamen noch alle Schwierigkeiten, die jene uns bereiten konnten, die so viel gemurrt hatten – und ich sah ein, dass sie im Recht waren. Es schien mir unmöglich, das begonnene Werk fortzusetzen, denn so wie mir vorher alles leicht vorkam, wenn ich daran dachte, dass es für Gott war, so engte mich jetzt die Versuchung derart ein, dass ich meinte, ich hätte überhaupt keine Gnade empfangen.* (F 3,11)

Es ist keine leichte Aufgabe, in einer bestimmten Situation auf Kritik zu hören oder sie auch zu überhören, da diese Kritik uns ja unter Umständen auf den Plan Gottes mit uns aufmerksam machen oder uns von ihm ablenken kann. Wir wissen nämlich, dass Gottes Ruf oft auf Umwegen zu uns kommt. Bei positiven Begegnungen entdecken wir Gottes Stimme wesentlich leichter als in negativer Kritik.

In einer ersten Reaktion scheint Teresa geneigt zu sein, aufzugeben. In ihrem Herzen werden Fragen laut: Ist alles Einbildung oder doch der Auftrag Gottes? Ist alles nur die Frucht von verbissenem Einsatz? Ist das Geschehene Frucht der Mitwirkung Gottes oder eher eine versteckte Versuchung, sich selbst in den Mittelpunkt zu stellen?

Teresa ist nicht von Natur aus ängstlich. Oft muss sie im Tiefsten ihres Herzens Reaktionen der Angst im Zusammenhang mit ihren mystischen Erfahrungen überwinden. *Dazu kam noch die Angst, ob nicht das, was ich im Gebet vernommen hatte, eine Einbildung sei.* (V 7,7) Wiederholt hat sie Beichtväter gefragt, ob das, was sie vorhat, das Werk Gottes sei. Schritt für Schritt ist sie so immer näher zum inneren Frieden gekommen. Und jetzt, da sie glaubt, zur Ehre Gottes ein Kloster gegründet zu haben, soll das Ganze eine Täuschung sein? Frauen, die vom Teufel getäuscht werden, haben damals nicht viel zu lachen, sie werden eingesperrt, der Inquisition übergeben, verurteilt ... Teresa erlebt diese Art von Angst als eine drohende und einengende Mauer, die ihren Schwestern nicht nur die Zukunft, sondern auch die Gegenwart versperren könnte.

Neid oder Angst?

Gemachte Erfahrungen prägen unsere Gedanken und Gefühle. Wiederholt muss Teresa bei ihren Gründungen feststellen, wie kirchliche Personen und Ordensgemeinschaften alles daran setzen, die Gründung eines neuen Klosters zu verhindern.

Als Teresa fünf Jahre nach dem ersten Kloster in Ávila ein zweites in Medina del Campo gründen will, wird sie mit der Not der Kirche konfrontiert. Die Klöster sind auf Almosen angewiesen und fürchten, dass eine neue kontemplative Gemeinschaft in ihrer Nähe die Einkünfte beeinflussen könnte. Teresa will ja ursprünglich ihre Klöster in totaler Armut gründen, d. h. die Schwestern sollen von Almosen leben. *Er, ein bekannter Geistlicher, sagte mir*

ganz leise, dass wir kein Haus hätten; es befände sich näm-
lich in der Nähe eines Klosters der Augustiner, und diese
widersetzten sich der Inbesitznahme durch uns; notgedrun-
gen müsse es zu einem Prozess kommen. (F 3,4)
Schwierigkeiten, die aus menschlicher Perspektive groß
zu sein scheinen, werden für Menschen, die von Gott ergriffen sind, kein unüberwindbares Hindernis. Vertrauen
zu sich selbst ist wichtig, aber erst das Vertrauen zu Gott
kann uns helfen, Mauern zu überspringen.

In den darauffolgenden Jahren wiederholen sich solche
peinlichen Situationen mehrmals: In Segovia gibt es Konflikte mit den Franziskanern, den Mercedariern und dem
Domkapitel. In den *Klostergründungen* berichtet Teresa:
Als der Generalvikar des Bischofs von der Errichtung des
Klosters Kenntnis erlangte, kam er sogleich sehr verärgert
herbei und untersagte, weiterhin die Messe zu lesen. Er
wollte sogar den ins Gefängnis werfen, der die Messe gele-
sen hatte. (F 21,5)
Übereifer ist oft die Ursache von Schritten und Entscheidungen, die mehr verletzen als heilen. Vielleicht ist es ein
Trost, zu denken, dass Gott anders handelt, während seine Vertreter unter Umständen zu ängstlich und buchsta-
bentreu sind.

Der Weg mit Gott ist nicht immer frei von Überraschun-
gen, besonders wenn wir für Gottes Einfälle offen sind.
In Salamanca – Teresa hatte bereits öfter negative Erfahrungen mit klösterlichen Gemeinschaften in ihrer Nähe
gemacht – wird sie 1570 jedoch positiv überrascht. *Wir*
schlossen uns in ein Zimmer ein, wo es Stroh gab – dies ist
das erste, was ich bei einer Gründung besorge – denn wenn

wir Stroh haben, fehlt es uns nicht an einem Bett. Darauf
schliefen wir in jener Nacht, mit ein paar Decken, die man
uns lieh. Am nächsten Tag borgten uns die Schwestern,
die in der Nähe wohnten und von denen wir annahmen,
sie wären unsertwegen ungehalten, Kleidung für die Mit-
schwestern, die noch kommen sollten, und schickten uns
Almosen. Es handelte sich um das Kloster zur hl. Elisabeth.
(F 19,4)
Menschen, die vom Geist Gottes durchdrungen sind,
sehen das Leben nicht nur mit den Augen, sondern mit
dem Herzen.

Zu viel Strenge?

Es dürfte zu den Erscheinungsformen im Rahmen von
neuen Ordensgemeinschaften gehören, dass eines Tages – nach harten und schwierigen Anfängen – diese Gemeinschaften blühen und sich viele Kandidaten melden.
Während Teresa Priorin im Kloster der Menschwerdung
ist, entstehen in kurzer Zeit neue Klöster. Ein zu schnel-
les Wachstum kann mit der Zeit Unausgeglichenheit aufgrund einer unkontrollierten Entwicklung verursachen:
Es werden viele Kandidaten aufgenommen, die nicht pro-
gressiv ins Ordensleben eingeführt werden können, sondern nach eigenem Gutdünken ihr Bild von Nachfolge
entfalten.
Mit dieser Situation sieht sich die Gründerin auf der einen Seite konfrontiert, auf der anderen aber ist diese Entwicklung nicht nur zu schnell, sondern auch zu einseitig.

In diesen Gemeinschaften werden Akzente gesetzt, die sich von Teresas Programm distanzieren – natürlich unter dem frommen Deckmantel von mehr Abtötung und Einsamkeit.

Vor allem das Kloster in Pastrana – eine Gründung der Fürsten von Eboli – und Catalina de Cardona, eine Büßerin, die bei einigen Patres große Verehrung genießt, tragen zu dieser Entwicklung bei: *Im Kloster von Pastrana, in der sogenannten Kirche des hl. Petrus, nahm sie das Ordenskleid Unserer Lieben Frau, allerdings nicht in der Absicht, Schwester zu werden oder die Profess abzulegen; sie war ja nie geneigt, Schwester zu sein. Da der Herr sie auf einem anderen Weg führte, meinte sie, man würde ihr durch den Gehorsam ihr Vorhaben, ein strenges und einsames Leben zu führen, verhindern.* (F 28,30) Manches kommt in den Worten Teresas zur Sprache: Catalina de Cardona will nicht Klosterschwester werden, denn dann würde sie ihr strenges Leben nach ihren Vorstellungen nicht führen können, deswegen will sie nicht Gehorsam versprechen. Man hört aber auch, dass einzelne Ordensmitglieder von der Büßerin fasziniert sind und ein strenges und ganz abgeschiedenes Leben führen wollen, was den Vorstellungen von Teresa nicht entspricht.

Nach einigen Bemühungen gelingt es Catalina, die Gründung eines neuen Klosters in La Roda finanziell zu unterstützen. Die Einsamkeit wird mit großem Eifer gepflegt, Catalina verlangt aber von den Patres, den pastoralen Dienst in den Dörfern der Umgebung auszuüben. Es ist die Frage unbeantwortet, ob alle Patres, die hier wohnen, mit der Forderung der Büßerin nach Apostolat einverstanden sind. Ohne an ihren Tugenden zu zweifeln, zeigt Teresa, wie manche Patres geneigt sind, Bußübungen zu verabsolutieren und sich der Meinung der vielen Menschen, die voll Begeisterung zu Catalina pilgern, anzuschließen: *Bald nachdem die Brüder sich dort niedergelassen hatten, wussten sie sich nicht anders abzuhelfen, als sie in die Höhe zu heben, damit sie so den Menschen ihren Segen erteile.* (F 28,28)

Bußübungen als Ersatz für den Gehorsam und die Suche der Einsamkeit als Möglichkeit, dem apostolischen Dienst auszuweichen, sind Haltungen, die dem Bild Teresas vom Unbeschuhten Karmel ganz fremd sind.

Alt und schwach

Mit großem Eifer hat Teresa viele Strapazen in Kauf genommen, immer ist sie unterwegs zu neuen Klostergründungen. Inzwischen ist sie siebenundsechzig Jahre alt und fühlte sich nicht mehr stark genug. Vor der bereits erwähnten Gründung des Klosters in Burgos, es wird ihre letzte Gründung sein, überlegt die Mutter Gründerin, die Priorin von Palencia hinzuschicken, da sie wegen der Härte des Winters Bedenken hat. Ihre Gedanken werden aber von höchster Instanz infrage gestellt: *Als ich nun darüber nachdachte und fest entschlossen war, nicht zu reisen, sagte der Herr zu mir diese Worte, aus denen ich erkannte, dass die Erlaubnis bereits erteilt war: „Beachte diese Kälte nicht, denn ich bin die wahre Wärme. Der Teufel bietet all seine Kräfte auf, um diese Gründung zu verhin-*

dern. Setze du die deinen für mich ein, damit sie ausgeführt wird. Und unterlasse es nicht, selbst zu reisen, denn daraus wird ein großer Nutzen erwachsen." (F 31,11) Diese Worte des Herrn rüttelten Teresa auf. Die Fragezeichen und Hindernisse kommen nicht nur von außen, sondern auch von innen. Sie will für den Herrn leben, nun wird ihr mitgeteilt, dass der Teufel ihr Ausreden vorgaukle, um Gutes zu verhindern. Sie fühlt sich aufgefordert, ihre Kräfte zu mobilisieren. *Auf diese Worte hin änderte ich meine Meinung wieder: Zwar sträubt sich die Natur manchmal bei Schwierigkeiten dagegen, die Entschlossenheit, für diesen großen Gott zu leiden, allerdings nie. So sagte ich zu Ihm, Er möge nicht auf diese Empfindungen meiner Schwäche achten, um mich zu verwandeln, wie Er wolle. Mit Seiner Hilfe würde ich es nicht unterlassen. Damals schneite es und war kalt. Am meisten dachte ich an meine schwache Gesundheit. Wäre ich gesund gewesen, hätte mir – so meine ich – alles nichts ausgemacht.* (F 31,12)

Teresa kann nichts anderes tun, als es die Treue zu ihrer Überzeugung von ihr verlangt. Aus Dankbarkeit will sie alles für den Herrn geben und auch ihre Schwestern dazu ermutigen: *Es war immer mein Anliegen, dass der Herr gelobt wird und dass die katholische Kirche wächst [...]* (F 1,6) Sie kann nicht zulassen, dass ihre Wehwehchen das Wachstum der Kirche verhindern; sie ist bereit, trotz angeschlagener Gesundheit gegen ihre erste Reaktion zu handeln.

Der tägliche und konstante Umgang mit Gott hilft Teresa, die Stütze Gottes zu entdecken. Was für uns nicht machbar zu sein scheint, ist für Gott möglich. *Oh, mein Gott, wie viel habe ich in diesen Angelegenheiten für unmöglich gehalten, und wie einfach ist es Seiner Majestät gewesen, die Hindernisse zu beseitigen! Wie sehr schäme ich mich, dass ich nach allem, was ich gesehen habe, nicht besser geworden bin! Jetzt, wo ich dies gerade niederschreibe, staune ich und wünsche mir, Unser Herr möge allen zu verstehen geben, dass bei diesen Gründungen wir Geschöpfe fast nichts bewirkt haben. Alles hat der Herr bei so schwachen Anfängen ins Rollen gebracht.* (F 13,7)

Mit Gott

Auf dem Weg mit dem Herrn erleben wir Licht- und Schattenseiten. Sich auf Gott einzulassen bedeutet weder Garantie für Erfolg noch Freisein von Schwierigkeiten. Sich auf Ihn einzulassen bedeutet, auf Ihn zu schauen, ohne auf sich selbst Rücksicht zu nehmen. Der Blick auf Ihn gibt uns die Kraft, Schritte zu tun, Entscheidungen zu treffen. Teresa schreibt: *Ich gestehe: meine Armseligkeit und meine Schwäche haben in mir oft Furcht und Zweifel ausgelöst. Aber ich kann mich nicht erinnern, dass der Herr, seit Er mir den Habit der Unbeschuhten Karmelitinnen verlieh und auch einige Jahre vorher, mir nicht – allein durch Seine Barmherzigkeit – die Gnade erwiesen hätte, diese Versuchungen zu besiegen und mich an das zu wagen, was – wie ich erkannte – zu Seiner größeren Ehre war, wie schwierig es auch gewesen sein mag.* (F 28,19)
Die von Teresa gemachten Erfahrungen lassen keinen Platz für Angst. Sie braucht nur an die viele Situationen

zu denken, die – menschlich gesehen – aussichtslos oder unmöglich schienen, aber doch ein gutes Ende gefunden haben. Gott hat immer eine positive Lösung herbeigeführt. Teresas reiche Erfahrung bezeugt ihr, dass das Sich-ergreifen-Lassen von Gott eine Kraft gibt, die immer wieder hilft, im Leben die richtigen Prioritäten zu setzen.

Die größere Ehre Gottes ist der Wert, den Teresa bei ihren Entscheidungen vor Augen hat. Nicht die eigene Unzulänglichkeit, nicht die eigene Gesundheit, nicht die Gefahren unterwegs oder andere pragmatische Überlegungen sind die Beweggründe für ihre Entscheidungen, sondern allein die Stimme Gottes. Entscheidend ist nicht die Teresa-Sicht, sondern die Gottes-Sicht.

Im Namen Gottes

Vieles geschieht im eigenen Namen, wird aber als Gottes Eingebung propagiert. Entscheidungen werden aus pragmatischen, unter Umständen aus oberflächlichen Überlegungen getroffen, aber als Wille Gottes bezeichnet. Religiöse Gemeinschaften sind nicht automatisch vor dieser Gefahr gefeit, hierarchische Strukturen neigen unter Umständen dazu, Gott vorzuschreiben, was er wollen darf, damit seine Wünsche unseren Vorstellungen entsprechen. Vieles ist daher unter dem Deckmantel des Willens Gottes geschehen ... Muss Gott den Kopf hinhalten für Schritte, die wir Menschen setzen, ohne vorher ihn gefragt zu haben? Muss der Wille Gottes mit der Manipulation frommer Menschen identisch sein? Niemand zweifelt daran, dass Gott auf krummen Zeilen gerade schreiben kann, muss aber Gott immer auf krummen Zeilen schreiben?

Nuntius

Kirchliche Autoritäten haben große Bedeutung für Klöster und Ordensgemeinschaften, da das Ordensleben ein Geschenk für die Kirche ist. *Machen Sie weiter so,* schreibt Teresa an P. Ambrosio Mariano, *und versuchen Sie dem Nuntius Freude zu bereiten, er ist ja unser Oberer.* (CT 192,3)

Nuntius Ormaneto hat ein offenes Herz für die Anliegen der Mutter Gründerin, er lässt Ausnahmen gelten und übersieht väterlich manche Situation.

Teresa gehört zu jenen Frauen, die sich – vom Geist Gottes getragen – für die Kirche einsetzen, dem Karmelorden eine neue Prägung geben und den Kontakt mit bedeutenden Persönlichkeiten wagen, in der Meinung, ihre Sendung dadurch besser erfüllen zu können. Aufgrund ihrer Klostergründungen ist Teresa viel auf Reisen, nimmt Strapazen in Kauf, erträgt Hitze und Kälte in der Absicht, Gott und der Kirche dadurch zu dienen. Die öffentliche Meinung lobt und anerkannt Teresas Bemühungen, Bischöfe ersuchen sie, auch in ihren Diözesen zu gründen. Zweifellos weiß Teresa aber nichts von der Existenz eines Briefes des Nuntius Ormaneto an P. Gracián. Beide dürften geschwiegen haben, um Teresa nicht traurig zu machen. Die Meinung des Nuntius lässt aber fast glauben, dass Teresa in seinen Augen eine Ausnahme sei und sich nur deshalb als Ordensfrau frei bewegen dürfe. Ormaneto schreibt: *Ich möchte nicht unterlassen, Ihnen noch eines zu sagen: Mir hat es nie gefallen, dass Mutter Teresa herumfährt, um Klöster zu gründen oder sie zu visitieren. Die Frauen, die ein Ordensleben führen, müssen ja in ihren Häusern bleiben und nicht herumfahren. Visitieren ist Angelegenheit der Oberen, die fahren können ohne zu skandalisieren und sich einer Gefahr auszusetzen. Wenn es um ein Kloster zu gründen oder zu visitieren notwendig wäre, dass eine Schwester die Angelegenheit in die Hand nimmt, dann halte ich es für gut, dass man eine in ein anderes Kloster bringt, aber um dort für immer oder für lange Zeit zu bleiben. Ich kann mich daran erinnern, dass es in Italien eine Äbtissin gab, die von einem Kloster ins andere fuhr, Papst Pius IV. setzte sie ab mit der Begründung, es sei nicht zielführend, wenn Ordenspersonen herumfahren. Berichten Sie mir, was Sie wissen oder denken, ohne von meiner Meinung irgendetwas zu erzählen, um diese gute und heilige Mutter nicht traurig zu machen.* (MHCT 1)

Der Text verrät die damaligen Normen: Visitationen sind nur Sache männlicher Oberer, trotzdem besucht Teresa Klöster und der Nuntius toleriert es oder übersieht es bewusst. Schwestern von einem Kloster in ein anderes zu schicken, das soll geschehen, wenn es notwendig ist, aber nur damit die Schwester dann auch dort bleibe ... Trotzdem ist Nuntius Ormaneto davon überzeugt, dass Teresa eine gute und heilige Mutter ist: Man soll sie wegen dieser Angelegenheit nicht traurig machen.

Doch menschliche Schicksale können in kurzer Zeit eine vielversprechende Zukunft zerstören, im Leben ist ja alles vergänglich: *Damals starb ein heiliger Nuntius, der die Tugend sehr gefördert und aus diesem Grund die Unbeschuhten Karmeliten hoch geschätzt hatte.* (F 28,3) In diesen Worten Teresas klingt eine Portion Nostalgie: Jener, der die Tugend förderte und uns schätzte, ist gestorben.

Sega, von Gott geschickt?

Der neue Nuntius, er heißt Felipe Sega, entspricht nicht Teresas Vorstellungen. Sein Verhalten – vielleicht aufgrund von einseitigen Informationen, wie sie in den *Klos-*

tergründungen erwähnt – bestätigt die Annahme, dass er die Unbeschuhten Karmeliten sehr stark benachteiligt. Über die Zeit nach dem Tod von Nuntius Ormaneto schreibt Teresa: *Es folgte ein anderer, den Gott scheinbar gesandt hatte, um uns im Leiden zu üben. Er war entfernt mit dem Papst verwandt und dürfte wohl ein Diener Gottes sein. Er nahm sich stark der Förderung der Beschuhten Karmeliten an und aufgrund der Informationen, die sie ihm über uns zukommen ließen, kam er zu der Überzeugung, es wäre gut, wenn es zu keiner weiteren Verbreitung dieser Anfänge käme.* (F 28,3)

Nuntius Sega sieht die Angelegenheit mit anderen Augen als sein Vorgänger und entschließt sich, die Verbreitung des neuen Karmelzweigs zu verhindern. Man fragt sich: Was hat für den Nuntius Vorrang? Es ist doch bekannt, dass Teresa ihre Schwestern ermutigt und ersucht, sich um einen festen Glauben an das zu bemühen, was die Kirche lehrt. Warum also seine Abneigung dem Werk Teresas gegenüber?

Der neue Nuntius duldet keine Kritik, sondern handelt hart gegen jene, die nicht seiner Meinung sind. Teresa schreibt weiter in den *Klostergründungen*: *So begann er seinen Beschluss mit äußerster Strenge in die Tat umzusetzen: Jene, die sich ihm seiner Meinung nach widersetzen könnten, verurteilte er, warf sie ins Gefängnis oder verbannte sie des Landes.* (F 28,3)

Zahlreich sind die Aktionen von Nuntius Sega gegen Teresas Werk. Doch wer so liebt wie Teresa, nimmt manches in Kauf. Wer Gott liebt, nimmt Strapazen und Widerwärtigkeiten im Leben an. Folgende Bemerkung lässt viel Peinliches erahnen, das Teresa nicht näher beschreibt: *Anscheinend hat Gott ihn zu uns gesandt, um uns im Leiden zu üben.* (F 28,3) In den Gedanken der großen Mystikerin mag dieser Satz so klingen: Gott hat diesen Nuntius zu uns geschickt, um zu sehen, wie viel wir aus Liebe zu ihm aushalten können oder wie viel uns Gott wert ist.

Sehr verletzend klingt auch eine Äußerung des Nuntius im Jahre 1578: Er beschreibt Teresa als ein unruhiges und ungehorsames Weib und wirft ihr vor, die Klausur unter dem Deckmantel frommer Ausreden zu verlassen. Außerdem bezichtigt er sie, zu dozieren und zu belehren, obwohl der hl. Paulus doch deutlich gesagt habe, dass die Frauen in der Kirche schweigen sollen (1 Kor 14,34).

Teresa kommentiert diese Worte des Nuntius und wehrt sich dagegen, dass durch Verleumdungen und falsche Aussagen das Werk der Klostergründungen infrage gestellt wird. Am 4. Oktober 1578 schreibt sie an P. Pablo Hernández SJ: *Unser Glück oder Pech hängt – abgesehen von Gott – von den Händen des Nuntius ab, der von den Beschuhten derart informiert wurde und er schenkt ihnen so viel Glauben, dass ich nicht weiß, wie es enden wird. Von mir haben (die Beschuhten) ihm gesagt, ich sei unruhig und herumstreunend und dass die Klöster, die ich gegründet habe, ohne Erlaubnis des Generals und des Papstes gegründet wurden.* (OC, Cta 248) Die Liebe zur Wahrheit zwingt sie, darauf zu reagieren und von falschen Informationen und gezielten Aktionen gegen den Unbeschuhten Karmel zu sprechen.

Einige Schritte

Das Verhalten des apostolischen Nuntius hinterlässt Spuren in kirchlichen Kreisen. Teresa ist das Objekt von Machtspielen und Verleumdungen. Nicht nur sie, auch Personen, die ihr nahestehen und dem Karmel angehören, werden verfolgt. Teresa schweigt, betet und sucht Kontakt zu Personen, die Einfluss haben könnten, um der Verfolgung ein Ende zu bereiten. In dieser fast aussichtslosen Situation schreibt Teresa an Roque de Huerta, einen guten Freund der Familie von Gracián und Förster seiner königlichen Majestät, folgende Worte: *Ich frage mich, ob unser Pater (Gracián) sich nicht den Händen des Herrn Nuntius ausgeliefert hat, ich möchte ihn lieber in den Händen Gottes sehen.* (CT, 437,1) Diese Worte sprechen für sich: lieber tot als in den Händen des Nuntius.

Eines wird deutlich: Die Liebe Teresas zur Kirche ist stärker als all die negativen Aktionen und Verfolgungen durch den Nuntius. Mit einer Portion frommer Ironie schreibt sie an P. Gracián: *Für fromme Leute könnten wir uns nichts Besseres als den Herrn Nuntius wünschen, er hat uns ja große Verdienste erwerben lassen.* (CT 134,2) Auch wenn es nicht leicht ist, kann man also in jeder Situation die Hand Gottes entdecken, der bei uns alles zum Guten führt.

Gezielt unternimmt Nuntius Sega Schritte, um den Lebensraum der Unbeschuhten Karmeliten einzuengen: Als Visitator setzt er einen Beschuhten Karmeliten ein, der kein Interesse am Fortbestand des Werkes von Teresa hat. Gegen einige Unbeschuhte Patres *hegte er große Abneigung* und *drohte diesen mit Kirchenstrafen.* (F 28,4) Man sieht: Entscheidungen, die im Namen Gottes zur Ausführung kommen, sind nicht unbedingt Entscheidungen, die immer Gottes Plänen entsprechen. Gehorsam hängt damit zusammen, auf Gott zu hören – was unter Umständen Konflikte mit der Kirchenführung bedeuten kann.

In ihrem tiefsten Inneren ist die Mutter Gründerin davon überzeugt, dass der Nuntius sich irrt, auch wenn er der rechtmäßige Oberer ist. Es ist ihr ein Herzensanliegen, dass der Nuntius richtig informiert wird – in der Hoffnung, dass er entweder seine Haltung ändert oder wenigstens die Dinge, die er sagt, den Tatsachen entsprechen.

König Philipp II., der über die Situation informiert wird, *nahm es in die Hand, uns zu unterstützen. Er wollte nicht, dass der Nuntius allein unseren Fall beurteile, darum gab er ihm vier bedeutende Persönlichkeiten und drei Ordensleute zur Seite, um unsere Rechtssache genau zu überprüfen. Einer von ihnen war Magister P. Pedro Fernández, ein Mann, der sehr fromm lebte, sehr gelehrt und klug war.* (F 28,6) Es ist also nicht umsonst, dem König Briefe zu schreiben, um ihn auf die tatsächliche Situation aufmerksam zu machen. Zu den Grundhaltungen Teresas gehört das Leben in der Wahrheit. Da der Weg zum Nuntius nicht leicht für sie ist, versucht sie, über den Umweg eines Briefes den Nuntius zu erreichen. Doch was geschieht, wenn die Beschuhten den Papst falsch informieren? Teresa macht sich Gedanken und glaubt, dass es gut wäre, wenn jemand diese Informationen korrigieren könnte, um negative Entscheidungen gegen den Unbeschuhten Karmel zu vermeiden. Es muss noch einige Zeit vergehen, bevor Unbeschuhte Karmeliten nach Rom kommen.

Mut und Vertrauen

Zahlreich sind die markanten Sätze, die Teresa zugesprochen werden. Zu den bekanntesten gehört folgender Spruch: *Wenn Rebhuhn, dann Rebhuhn, wenn Sardine, dann Sardine.* Das Rebhuhn erinnert an Festessen, während die Sardine als Fastenessen zu verstehen ist. Es kann im Leben nicht immer die Sonne scheinen, es kann nicht immer eine festliche Stimmung herrschen. Zum Leben gehören Tag und Nacht, Sonne und Dunkelheit ...

Wir können die Haltung Teresas wie einen Bach betrachten, der aus einer Quelle entspringt, doch wer zur Quelle gehen will, muss gegen den Strom kämpfen – ein Vorhaben, das viel Kraft, Mut und Ausdauer verlangt.

Drei Momente aus ihrem Leben unterstreichen die Bindung an jenen Gott, der in jeder Situation des Lebens zu Teresa gestanden ist und ihr Kraft gegeben hat, nicht aufzugeben.

Mystische Erfahrungen

Teresa spricht von *harten Zeiten* und denkt an Situationen in der Gesellschaft und der Kirche, die für betende Frauen besonders unangenehm sein könnten. Mystische Erfahrungen bei Frauen sind ein verdächtiges Zeichen, das in manchen Kreisen Grund zum Misstrauen gibt.

Zweiundvierzig Jahre ist Teresa alt, als sie von Gott mit der ersten mystischen Erfahrung überrascht wird. Auf der Suche nach Klarheit wird sie mit Beichtvätern konfrontiert, die überfordert sind, Angst vor der Inquisition haben oder nicht fähig sind, sie zu begleiten. Anscheinend herrschte damals die Meinung – in manchen Kreisen auch heute –, dass fromme Menschen die erste Instanz sind, um mystische Phänomene zu überprüfen. Im Bemühen, nicht getäuscht zu werden, erhofft Teresa sich Hilfe und Orientierung von ihrer geistlichen Begleitung. Es folgen Jahre tiefen und verborgenen Leidens für die mystisch begnadete Nonne. Lange Zeit fühlt sie sich von den Beichtvätern nicht verstanden, da manche der Meinung sind, Gott würde solche Gaben nicht einer Person schenken, bei der es an der entsprechenden Heiligkeit mangle.

Der Kreuzweg beginnt mit den ersten Beratern: ein Priester und ein frommer Christ, die Teresa ein Buch bringen, damit sie darin Sätze unterstreicht, die ihre Situation wiedergeben. Als weitere Instanz denkt der Beichtvater an eine Gruppe von Priestern, die die Richtigkeit der mystischen Erfahrung überprüfen sollen. *Sie waren der Meinung, dass alles das Werk des Teufels sei,* bemerkt Teresa betroffen. (V 19,19) Diese Situation wiederholt sich einige Male, so lesen wir in der *Autobiographie: Ich konnte mit niemandem sprechen, alle waren gegen mich.* (V 25) Dies klingt nur dann nicht so arg, wenn man die drohende Gefahr der Inquisition übersieht.

Wie viel mutet Gott den Menschen zu? *Fürchte dich nicht, Tochter, ich bin es und werde dich nicht verlassen* (V 25,18), sagt Jesus zu Teresa inmitten dieser Zweifel und Sorgen.

Platz in Madrigal de las altas torres, nahe Ávila

Windmühlen in Consuegra

Kloster der Menschwerdung

Wagen, wie er zu Teresas Zeiten verwendet wurde

Erlebnisse hinterlassen Spuren. In ihren Schriften spricht Teresa immer wieder von der Bedeutung der Beichtväter und warnt ihre Schwestern vor jeder Einseitigkeit: *Gott bewahre die Schwestern davor, dass sie sich in allem von einem Beichtvater leiten lassen, mag dieser ihrer Meinung nach und auch in Wirklichkeit im geistlichen Leben noch so erfahren sein, wenn er nicht zugleich gelehrt ist! Um die Wissenschaft ist es etwas Großes; sie gibt Licht in allem.* (C 5,2) Teresa ist also anspruchsvoll bei der Auswahl ihrer Beichtväter, manche sind ihren Erwartungen nicht gewachsen: Der eine versteht den Geist der Mystikerin nicht, ein anderer hat kein Selbstvertrauen, wieder andere sind fromm, aber zu wenig gelehrt ... Mit ihrer eigenen Geschichte im Hintergrund – *es haben ihr sehr geschadet halbgelehrte Beichtväter* (V 5,3) – versteht man sehr leicht ihre Betonung einiger Eigenschaften, die ein Beichtvater mitbringen soll: *Es liegt also viel daran, dass der geistliche Begleiter klug ist, ich will sagen, dass er einen guten Verstand hat. Ja, es ist etwas Großes um die Wissenschaft, denn diese unterweist uns, die wir wenig wissen, sie erleuchtet uns, und sind wir durch sie zur Kenntnis der Wahrheit der Heiligen Schrift gelangt, so tun wir auch, was wir schuldig sind. Vor albernen Andachten bewahre uns der Herr.* (V 13) Mit großer Vehemenz ersucht Teresa die Schwestern, die Freiheit nicht zu verlieren, adäquate und fähige Beichtväter zu haben, da Gott uns Menschen auf verschiedenen Wegen führt.

Angst vor der Zerstörung

Schwierigkeiten im Leben können einen Läuterungsprozess in Bewegung setzen, der sich mit der Zeit – trotz unangenehmen Empfindens – als heilsame Medizin zeigt. Schwierigkeiten können sich aber auch erstickend auswirken, wenn der Lebensraum dadurch immer enger wird.

Viele harte Momente erlebt die Gründerin. Der Gedanke an eine eigene Provinz des Unbeschuhten Karmels ist keine Neuigkeit, denn schon die Unbeschuhten Franziskaner haben ähnliche Schritte getan. Die Spannungen im Karmel haben eine Vorgeschichte, die aus der Sicht des Beschuhten Karmels vielleicht manche Verletzungen verursacht hat. Zwei Momente wollen wir als Beispiele festhalten: Die Beauftragung von P. Gracián als Visitator des Karmels bedeutet eine Demütigung, weil keiner aus dem Beschuhten Karmel beauftragt wird. Es wäre auch zu fragen, welche Geringschätzung es für manche bedeutet haben muss, dass Teresa als Beichtväter und Begleiter des Klosters der Menschwerdung zwei Unbeschuhte Karmeliten ausgewählt hat.

Die Gründungen der Klöster sind für Teresa nie frei von Hindernissen – und häufig kommen die Probleme vonseiten der eigenen Kirche. Der Visitator, Tostado, den der Nuntius Sega ernannt hat, trifft Entscheidungen, die den Unbeschuhten Karmel Schritt für Schritt zu ersticken drohen. Soll Teresa aufgeben? In ihrem Herzen herrscht auch eine Spannung, die Ursache von Traurigkeit ist, wie sie in den *Klostergründungen* schreibt: *Sehr bedeutende Gelehr-*

te, bei denen ich beichtete und die ich um Rat fragte, waren nicht damit einverstanden, dass ich die Verbreitung eines Werkes unterlasse, von dem ich wusste, dass es Unserem Herrn diente und unseren Orden förderte. Darüber hinaus bedeutete es für mich zu sterben, gegen den von mir erkannten Willen meines Oberen zu handeln. (F 28,2)

Die Maßnahmen des Visitators und die Entscheidungen des Nuntius engen den Lebensraum des Unbeschuhten Karmels sehr ein. Es ist kaum zu glauben: P. Gracián wird nicht nur von allen Aufgaben, die ihm von Nuntius Ormaneto anvertraut worden waren, enthoben, sondern seine Person wird Ziel von negativen und verletzenden Urteilen. Teresa reagiert sehr überrascht, sie kann einfach nicht glauben, dass solche Entscheidungen vom Nuntius stammen können. Am Ende versucht sie P. Gracián zu trösten und schreibt ihm am 9. August 1578: *Wenn ich daran denke, dass der Herr selbst und alle Heiligen auf diesem Weg gegangen sind, kann ich nur auf Eure Paternität eifersüchtig werden [...]* (CT 121,9).

Für Teresa beginnt eine Zeit intensiver Korrespondenz, in der Hoffnung, Hilfe zu finden. Sie schreibt etwa einen Brief an König Philipp II, in dem sie ihre Freude zum Ausdruck bringt: *Es ist ein großer Trost zu wissen, dass Gott in Ihnen einen großen Verteidiger und Helfer für die Kirche hat.* (OT 55,2) Wir lesen auch von weiteren Maßnahmen, die das Leben des Unbeschuhten Karmels sehr einengen, etwa vom Befehl, dass P. Gracián im Kloster von Pastrana bleiben muss, und von der Absetzung der Priorin von Sevilla, María de San José, einer großen Mitarbeiterin von Teresa. Mit folgenden Worten beschreibt sie die beängstigende Situation: *Es hätte alles nichts genützt, wenn Gott als Mittelsmann unseren König nicht genommen hätte.* (F 28,6)

In ihren Briefen erwähnt Teresa einige Aktionen der Unterstützung durch König Philipp II.: Durch ihn haben die Schwestern die Erlaubnis bekommen, das Kloster in Caravaca zu gründen, und er hat sie auch unterstützt, als P. Gracián, der ein Geschenk Gottes für Teresa und ihr Werk bedeutete, gedemütigt und verleumdet wurde. Man gewinnt den Eindruck, dass Teresa folgenden Satz mit großer Freude schreibt: *Der König hat sich sehr geärgert wegen dem, was der Nuntius dem P. Gracián angetan hat.* (CT 126,6)

In Folge interveniert der König in Rom, damit der Unbeschuhte Karmel eine eigene Provinz wird. Am 22. Juni 1580 promulgiert Papst Gregor XIII. das Breve *Pia Consideratione,* das die Provinz des Unbeschuhten Karmels errichtet. (CTH 571) Diese Aktion hat eine besondere Bedeutung für Teresa, die immer häufiger an eine Trennung von den Beschuhten denkt. Aufgrund des Vertrauens, das sie dadurch zum König gewonnen hat, schreibt sie ihm eines Tages: *Die Provinz der Unbeschuhten steht in den Händen Eurer Majestät. Ich denke, dass die Muttergottes Sie als Schutz genommen hat, zum Vorteil ihres Ordens [...] deswegen muss ich zu Ihnen mit allen Angelegenheiten des Ordens kommen.* (CT 56,2)

Teresa ist von Natur aus dankbar, und zwar so sehr, dass man sie mit einer Sardine gewinnen könnte. Der Karmel sei sehr zu Dank verpflichtet, meint Teresa und sie ersucht die Schwestern, für den König zu beten.

Die Fürstin von Eboli

Die Fürstin von Eboli, Ana de Mendoza, bekannt als launenhaftes und intrigantes Wesen, das auf alle möglichen und unmöglichen Gedanken kommt, spielt eine ambivalente Rolle im Leben Teresas. Eines Tages – ihre Ehe ist kinderlos – verfällt sie auf die Idee, in Pastrana, wo sie einen Palast besitzt, ein Kloster zu gründen. Sehr rasch hat sie die Wahl des Ordens getroffen: die Unbeschuhten Karmelitinnen. Geschieht dies aus Bewunderung Teresa gegenüber, die zu diesem Zeitpunkt sehr angesehen ist, oder eher aus Sensationslust, um sich selbst ein Denkmal zu setzen?

Mit starken Persönlichkeiten umzugehen, ist nicht immer leicht, wie die Beziehung zwischen Teresa und Ana de Mendoza zeigt. Zwischen der Mutter Gründerin und der Fürstin kommt es wiederholt zu Meinungsverschiedenheiten, die das ganze Vorhaben beinahe zum Scheitern bringen: *Die Fürstin verlangte nämlich von mir einige Dinge, die nicht zu unserem Orden passten, sodass ich schon entschlossen war, eher ohne Gründung abzureisen, als nachzugeben. Durch seine große Besonnenheit und Vernunft brachte jedoch der Fürst Ruy Gómez seine Gattin so weit, sich zu fügen, und auch ich gab in einigen Dingen nach.* (F 17,13)

Nach dem Tod des Fürsten entschließt sich Ana, ins Kloster einzutreten und Karmelitin zu werden. Ein kopfloses Unternehmen, eine übertriebene Reaktion ohne entsprechend religiöses Fundament. Ein Schritt, der keine Zukunft hat. Wer aber wagt der launenhaften Fürstin zu sagen, dass das Leben in der Klausur des Karmels nichts für sie sei?

Teresa ahnt (oder vielmehr fürchtet) das Ende dieses Schauspiels und ersucht die Priorin, genau aufzuschreiben, was die Fürstin ins Kloster bringe, um gegebenenfalls alles rückerstatten zu können. Es dauert nicht lange. *Bei ihrer Trauer konnte das Leben in der Klausur, an das sie nicht gewöhnt war, für sie jedoch kein großes Vergnügen bedeuten; und die Priorin war aufgrund des heiligen Konzils nicht imstande, ihr die erwünschten Freiheiten zu gewähren. Schließlich verfeindete sie sich so sehr mit der Priorin und mit anderen Schwestern, dass sie auch, nachdem sie das Ordenskleid abgelegt hatte und schon wieder in ihrem eigenen Haus lebte, von Ärger über sie erfüllt war.* (F 17,17)

Fünf Jahre (von 1569 bis 1574) besteht das Frauenkloster in Pastrana. Alles beginnt vielversprechend mit einer sehr qualifizierten Priorin, Isabel de Santo Domingo, doch der Eintritt der Fürstin nach dem Tod ihres Gemahls im Jahr 1573 bedeutet den Todesstoß für das Kloster. Teresa sieht sich zur Aufhebung gezwungen. Die Schwestern verlassen das Haus in der Nacht vom 6. auf den 7. April 1574 und kommen nach Segovia. (DST 1072)

Mit der Aufhebung des Frauenklosters in Pastrana riskiert Teresa viel, denn in einem schwachen Moment hat die Fürstin von Teresa persönlich deren *Autobiographie* zum Lesen bekommen. Was kann eine religiös nicht fundierte Fürstin von mystischen Erfahrungen und Begegnungen mit Gott verstehen? Ihre Interessen gelten nicht so sehr der Christusnachfolge als vielmehr den Intrigen und Machtspielen am Königshof.

Mit der Aufhebung des Klosters ist die Angelegenheit daher noch nicht beendet, denn nun bekommt die Mystikerin die Launen der Fürstin zu spüren. Aus übertriebener Bewunderung wird Verachtung: Die unausgeglichene Frau, die jedoch eine der einflussreichsten Personen am Hof Philipps II. ist, meint, nun die Gelegenheit zur Rache gefunden zu haben, und erhebt Anklage gegen Teresa. Aufgrund ihrer hohen sozialen Stellung bleibt diese nicht ohne Wirkung – die Folgen, die dies auch im Zusammenhang mit der Inquisition hat, waren bereits weiter oben Thema.

Es ist nicht angenehm, das Ziel von Verfolgung zu sein. Die Verfolgung durch die Guten und all jene, die sich für gut halten, ist noch unangenehmer und unerträglicher, handeln diese Menschen doch in der Meinung, dadurch Gott einen Dienst zu erweisen.
Aber was kann Teresa von der Liebe zu Christus, d. h. von der Liebe zur Kirche, trennen? Sie erlebt Christus als gegenwärtig in der Kirche ihrer Zeit, auch wenn diese dem Ideal nicht ganz entspricht.

Teresa und Luther

Zwei Persönlichkeiten, die
die Kirche lieben,
unter der Situation der Kirche leiden,
eine Erneuerung der Kirche suchen,
doch am Ende unterschiedliche Wege gehen ...

Vieles hat eine Rolle gespielt: Luthers Position als Priester, die politische Lage in Europa, die Erneuerungsbewegung in Spanien oder die Tatsache, dass Teresa eine Frau ist.

Parallelen

Luther, zweiunddreißig Jahre vor Teresa im Jahr 1483 geboren, gehört dem Orden der Augustiner-Eremiten an, bei denen er gegen den Willen seines Vaters eingetreten ist. Keine leichte Entscheidung für den jungen Martin, der damit die Stärke seines Charakters zeigt. Auch Teresas Entschluss, das Vaterhaus zu verlassen und in den Karmel einzutreten, verlangt großen Mut: *Ich erinnere mich so, als ob es gestern gewesen wäre, wie ich fortging und was ich damals empfand. Nie mehr, nicht einmal am Sterbebett, werde ich eine ähnliche Bangigkeit verspüren.* (Go 19)
Luther und Teresa, beide nach inneren Auseinandersetzungen und persönlichen Entscheidungen Mitglieder ei-

nes Ordens, wollen Jesus, dem Gekreuzigten, nachfolgen. Im Rahmen der klösterlichen Strukturen entdecken sie die Bedeutung der persönlichen Gemeinschaft mit Gott. Der Weg des Ordenslebens besteht aus verschiedenen Etappen, in denen die Pflege der Beziehung zu Gott die Augen öffnet für die Menschen und für die Kirche, in der wir leben. Wer Gott, dem Licht, nahe ist, sieht manches, was anderen verborgen ist.

Teresa und Luther betonen die Notwendigkeit der Erneuerung, die bei der eigenen Person beginnen soll: Während sich Luther durch das „Turmerlebnis" als Neugeborener fühlt, fällt Teresa vor dem Bild des leidenden Christus auf die Knie und beginnt ein neues Leben. Ein solches neues Leben vor dem Herrn zu führen, verlangt, Oberflächlichkeit und pharisäisches Verhalten abzubauen, um für das Wirken Gottes im eigenen Leben resonant zu sein. Die wachsende Liebe zu Christus öffnet schließlich auch die Augen für die Situation der Kirche: Teresa und Luther sehen sich mit einer Kirche konfrontiert, die viele schwache Stellen aufweist.

Der ökumenische Gedanke prägt unsere Zeit. Die Betonung Teresas, sich in allem der Lehre der katholischen Kirche zu unterwerfen, hat Stimmen laut werden lassen, die aus Teresa eine führende Gegenreformatorin machen wollen. Der bekannte evangelische Professor Jürgen Moltmann betont jedoch, dass es unzutreffend sei, sie als Hauptfigur der Gegenreformation zu nennen. Nachdem er den Satz Teresas *Die Welt steht in Flammen [...]* zitiert, fügt er hinzu: *Gemeinsam suchen wir nach der Glaubensgewissheit, die uns trägt und uns Hoffnung gegen die Kata-*

strophe gibt. Gemeinsam suchen wir nach der glaubwür-
digen Gestalt des christlichen Lebens und der christlichen
Gemeinde in dieser Zeit des Umbruchs. (GA 186)

Das Konzil von Trient

Ein Blick zurück zeigt uns, dass die Kirche Zeiten der
Dekadenz durchgemacht hat. Zwar hat sie versucht, diese Bruchstellen zu retuschieren, sie hat aber die Schäden nicht auf Dauer beseitigen können. Es dauert eine
Zeit, bis es zur Einberufung eines Konzils kommt. Kaiser
Karl V. unterstützt zwar den Konzilsgedanken, während
König Franz I. aus Frankreich den Plan stark bremst. Im
Dezember 1545 beginnt schließlich das Konzil von Trient, das bis Dezember 1563 dauert. Es setzt eine Erneuerung in Bewegung, die sich auf geistiger, theologischer
und struktureller Ebene auswirken kann. Die Themen
dieses Konzils sind Teresa aufgrund ihrer Kontakte mit
angesehenen Theologen, wie etwa dem Konzilstheologen
Pedro Fernández sowie Domingo Báñez, Pedro Ibáñez
und Baltasar Álvarez, nicht fremd.

Am eigenen Leib erfährt Teresa – wie wir bereits gesehen haben – manche Akzente des Konzils. Ihr Buch *Weg
der Vollkommenheit* berührt die theologischen Aussagen
des Konzils. P. García de Toledo hat bei der Zensur des
Manuskripts einige Texte verbessert, korrigiert und einige Passagen durchgestrichen. Diese eher unangenehme
Tatsache bedeutet für Teresa, ein zweites Manuskript des
Buches schreiben zu müssen – mit manchen Kürzungen

und genaueren Formulierungen, wie weiter oben bereits dargestellt wurde.

Manche Beschlüsse des Konzils eröffnen Teresa aber auch neue Wege – etwa bezüglich der Frage, ob Klöster *ohne* oder auch *mit fixen* Einkünften zu gründen seien. Die Meinung des Konzils bringt der Mutter Gründerin in diesem Punkt eine gewisse Erleichterung. Ein weiterer Beschluss des Konzils jedoch, der besagt, dass keine Ordensfrau nach der Ablegung der Profess das Kloster verlassen soll, wird in der Folge Teresas Wirken Schwierigkeiten bereiten. In verschiedenen Situationen wird die kirchliche Autorität sich auf diesen Beschluss berufen, um Teresas Tätigkeit als Ordensgründerin Grenzen zu setzen.

Nach dem Konzil von Trient erlangt Philipp II. im Jahr 1567 ein Breve aus Rom *Superioribus mensibus* (CTH 280). Darin wird gesagt, dass der Bischof die Visitation der Klöster vornehmen kann, in Begleitung von ehrwürdigen Patres, die vom Provinzial bestimmt werden. Bei den Karmeliten, Trinitariern und Mercedariern aber – da keine Patres zu finden sind, die eine Visitation machen dürfen – soll der Bischof von Dominikanern begleitet werden. (TMP 64). Mit dieser Funktion wird P. Pedro Fernández beauftragt, der trotz seines guten Willens Teresa und dem Karmel manch unangenehme Situationen bereitet. Im Jahr 1581, ein Jahr vor ihrem Tod, schreibt Teresa an P. Gracián: *Beim Kapitel soll der Satz von P. Pedro Fernández durchgestrichen werden: die Schwestern sollen keine Eier essen.* (OC, Cta 347,6)

Die Zeit nach einem Konzil ist eine Zeit der Suche, des

Umdenkens und der inneren Wende, Schritte, die für manche Menschen eine Überforderung, die mit Unsicherheit verbunden ist, bedeuten. Teresa kämpft – wie etwa im Buch *Klostergründungen* in Kapitel 8 zu lesen ist – um die Freiheit der Schwestern im Zusammenhang mit der Beichte und geistlicher Begleitung.

Im Brief an den P. General der Unbeschuhten Karmeliten vom 14. Oktober 1981 fasst Papst Johannes Paul II. Teresas Verhalten mit diesen Worten zusammen: *Frau von außergewöhnlichen Qualitäten, lebte die Zeit des Konzils von Trient mit einem Gespür für die Kirche, das wir charismatisch nennen können. Sie betrachtete die Kirche als das Sakrament des Heils (vgl. Wohnungen, V, 2, 3), das in der heiligen Liturgie wirksam wird (vgl. Vida, 31,4) durch den vermittelnden Dienst der Hierarchie und des Priestertums, deren Mitglieder berufen sind, „Licht der Kirche" zu sein.* (AAS 73, 693)

Erneuerung

Wie kann ich zur Erneuerung der Kirche beitragen, fragen sich sowohl Teresa als auch Luther. Zwei Menschen, vom Eifer für Gott ergriffen, suchen einen Weg für eine Kirche, die ihnen in manchen Bereichen schwach und unglaubwürdig erscheint. Im Bemühen um Erneuerung der Kirche sehen wir aber, dass Teresa und Luther verschiedene Akzente setzen.

Bekannt sind die Thesen von Luther und die Reaktionen, die in Kreisen der katholischen Kirche darauf folgen. Er kritisiert eine falsche Bußgesinnung und fordert eine Reform der Kirche. Luther verteidigt seine Ideen theologisch und politisch, wodurch er heftige Gegenangriffe auslöst.

Anders die Reaktion Teresas: Was kann ich tun, um dieser Kirche zu dienen? Sie erzählt in *Weg der Vollkommenheit*: *Da ich aber sah, dass ich einerseits eine Frau war, anderseits aber nicht erlaubt war, etwas im Dienste des Herrn zu unternehmen, entschloss ich mich, dies wenige zu tun, was in meiner Hand war, nämlich die evangelischen Räte möglichst vollkommen zu befolgen, so wie auch jene wenigen, die bei mir sind.* (C 1,2) Eine Antwort, die ihr hilft, jene Schritte zu setzen, die ihr als Frau und Ordensfrau in dieser Zeit in Spanien möglich sind. *Und wenn wir uns alle damit beschäftigten, für die Verteidiger der Kirche, für die Prediger und die Gelehrten, die für sie kämpfen, zu beten, so würden wir durch das, was wir vermögen, diesem meinem Herrn helfen.* (C 1,2)

Ihre Solidarität mit der Kirche besteht nicht nur in Worten, sondern vielmehr in der konkreten Bereitschaft, der katholischen Kirche zu dienen. Sie überdenkt die Möglichkeiten, die ihr offenstehen, und fängt sofort bei sich selbst an, indem sie klare Maßnahmen setzt:
– ein bewusstes und radikales Leben als Ordensfrau,
– Erneuerung des Ordens, um der Kirche zu dienen,
– Gebet für jene, die die Kirche verteidigen.

Mehrmals bringt Teresa ihre Sehnsucht, für den Herrn zu kämpfen, zum Ausdruck, doch sie ist sich sehr wohl der gegebenen Situation in Spanien bewusst. Sie kann nicht in den Kampf gegen diese negative Ausrichtung ziehen, wohl aber zum Sieg beitragen mit dem, was ihr zur Verfügung steht: *Gepriesen seist du, Herr, dass du mich so untauglich und nutzlos gemacht hast! Aber ich lobe dich sehr, weil du so viele wach gemacht hast, die uns wach machen.* (V 13,21)

Sie will mit all ihren Kräften dazu beitragen, ein glaubwürdiges Antlitz der Kirche, Braut Christi, sichtbar zu machen. Aus Erfahrung macht Teresa sichtbar, dass echte Liebe zu Christus sich im Dienste der Kirche zeigen wird.

Schritte der Erneuerung

Nachrichten aus Europa erreichen Spanien in dieser Zeit mehrmals gesiebt, sodass manche Themen verkürzt, anders interpretiert oder gar bewusst verändert sind und die Menschen dementsprechend beeinflussen. Die Situation in Spanien ist nicht einfach: Philipp II. kämpft um die Einheit im Glauben und jeder, der die Kirche verlassen hat, gilt als Häretiker.

In ihrem Lebensbericht erwähnt Teresa die Schäden für die Kirche durch diese Häresien, verwechselt aber die Lutheraner in Frankreich mit den Hugenotten, wenn sie von Gotteshäusern spricht, die niedergebrannt wurden. Bei der Klostergründung in Medina del Campo, einem internationalen Handelszentrum, hat Teresa Angst, jemand könnte die Eucharistie profanieren. Sie leidet unter der Tatsache, dass viele Seelen verloren gehen, *vor allem diese Lutheraner, denn sie waren durch die Taufe schon Mitglie-*

der der Kirche. (V 32,6) Gilt doch die Auffassung: außerhalb der Kirche kein Heil.

Nach ihrem ersten Schritt – das Wenige zu tun, was mir möglich ist: das Ordensleben bewusst zu gestalten und für die Kirche zu beten – als Beitrag dazu, die Schäden der Spaltung möglichst gering zu halten, sieht Teresa weitere schwache Stellen in der Kirche. In *Weg der Vollkommenheit* schreibt sie: *O mein Erlöser, daran kann ich nicht denken, ohne dass es mich zutiefst schmerzt! Wie weit ist es jetzt mit den Christen gekommen! Müssen dir denn immer gerade diejenigen Schmerz zufügen, die dir am meisten zu verdanken haben, denen du die größten Wohltaten erwiesen, die du zu deinen Freunden erwählt, unter denen du gelebt und denen du dich durch die Sakramente mitgeteilt hast? Sind ihnen die Martern nicht genug, die du für sie erduldet hast?* (C 1,3)

Es schmerzt Teresa sehr, viele Missstände in der Kirche zu sehen; sie leidet im tiefsten Inneren und fragt sich, wie es möglich sei, dass jene, die Vorbilder sein sollen, das Werk des Geistes langsam auslöschen und jene, die am meisten zu Dank verpflichtet sind, die Ersten sind, Christus zu beleidigen.

In ihrem Vorhaben, der Kirche zu dienen, will Teresa nicht allein sein, so hofft sie, dass die Schwestern auch für dieses Anliegen der Kirche beten. *O meine Schwestern, helft mir, das durch euer Gebet vom Herrn zu erlangen.* (C 1,4) Ein wichtiger Schritt ist aber vor allem ihre eigene Haltung gegenüber der Lehre der Kirche, auch wenn es nur eine Zeremonie betrifft. Natürlich wäre die Überlegung berechtigt, ob die in ihren Schriften oft wiederkehrende Betonung – Treue zu allem, was die Kirche lehrt – Selbstschutz ist aus Angst, dass die Inquisition eingreifen könnte. Teresa denkt sicherlich als Mensch, doch als Mensch, der von Jesus ergriffen ist und keine Angst vor der Inquisition hat. In ihrer *Autobiographie* schreibt sie von ihrem Glauben und betont in der dritten Person, *dass sie immer versucht, sich an das zu halten, was die Kirche lehrt, sodass selbst alle nur vorstellbaren Offenbarungen sie auch nicht in einem Punkt von dem wegbrächten, was die Kirche lehrt.* (V 25,12)

Was nützen klärende Worte, wenn Vorurteile die Menschen blind machen? Die Linie Teresas während ihres Lebens ist eindeutig: ehrliche Suche nach dem christlichen Glauben und nach der Lehre der Kirche – daher die Gespräche und Beratungen mit den besten Theologen von damals. In der *Seelenburg* bekennt sie ganz deutlich: *In allem, was ich schreibe, ordne ich mich dem unter, was die katholische römische Kirche lehrt, denn in ihr lebe ich und verspreche zu leben und zu sterben.* (M, Nachwort 4) Um die Bedeutung dieses Bekenntnisses zu verstehen, wollen wir bedenken, dass dies geschieht, nachdem Teresa bereits viele negative Erfahrungen in dieser Kirche gemacht hat.

Schau, oh Herr

Obwohl Anekdoten nicht das Ergebnis eines wissenschaftlichen Studiums sind, können sie auf wichtige Dinge aufmerksam machen. Es wird erzählt, dass Teresa eines Tages zum Herrn spricht und sich bei ihm beklagt: Warum müssen jene Menschen, die Gutes für dich tun wollen, viele Schwierigkeiten überwinden, während jene, die Böses tun, anscheinend immer Glück haben? Gott sagt zu ihr: Dies ist meine Art, meine Freunde zu behandeln. Deswegen hast du so wenige, lautet die spontane Antwort Teresas. Diese Anekdote kann wohl ihre Wurzeln in einem Gedanken aus den *Klostergründungen* haben: *Oh, mein Herr, wie sicher ist es doch, daß Ihr einen, der Euch einen Dienst erweist, gleich mit einer großen Plage belohnt!* (F 31,22)

Leben aus dem Glauben ist Teilnahme am Leben und Schicksal Jesu. Teresas Anliegen besteht ja darin, Christus gleichförmig zu werden.

Im Vertrauen

Gebet ist in den Augen Teresas nichts anderes als eine freundschaftliche Begegnung. Im Rahmen einer solchen vertrauensvollen Beziehung findet sie Wege, Gott in aller Offenheit auf die Situation der Kirche aufmerksam zu machen. Vor ihr stehen die Nöte der Kirche, nicht nur die religiöse Spaltung in Europa, sondern auch das Leben mancher Mitglieder der Kirche, die sich derart etabliert haben, dass ihr Leben unglaubwürdig zu sein scheint. Sie schreibt von *Stürmen, die die Kirche bedrohen* (C 35,5). Stürme können zwar vieles aufrütteln und dadurch manches säubern, sie können aber auch manches zerstören.

Motiviert von diesen Feststellungen beginnt sie, *für die Kirche zu beten* (V 40,12), und hofft, dass alle Schwestern es ebenso tun. Johannes Paul II. sagt über Teresa in seiner Predigt am 1. November 1982 in Ávila: *Die traurigen Ereignisse der Kirche ihrer Zeit waren wie wachsende Wunden, die in Bewegung setzten Schritte der Treue und des Dienstes. Sie empfand die Trennung der Christen wie das Zerreißen des eigenen Herzens. Sie antwortete mit einer effizienten Bewegung der Erneuerung um das Antlitz der Kirche weiter leuchten zu lassen.* (AAS 75, 257)

Zwei zentrale Anliegen prägen das Gebet Teresas: die Befreiung von Gefahren und das Wachstum der Kirche. Ihre Reaktion auf Fehlhaltungen in der Kirche beinhaltet drei Schritte, die ihr möglich sind: beten, schreiben, Kontakte suchen.

Zu den großen Gefahren für die Kirche zählt Teresa, wie bereits erwähnt, die Abspaltung der Lutheraner. In einem *Gewissensbericht* schreibt sie: *Ich glaube, dass ich wagen würde vor allen Lutheranern aufzutreten, um sie von ihrem Irrtum zu überzeugen [...]* (R 3) Auch wenn ihr solche Schritte damals nicht erlaubt sind, zeigen diese Worte, wie tief Teresa darunter leidet und welche Kräfte in ihr erwachen, um die Kirche zu verteidigen. Überzeugt vom Irrtum der Lutheraner ersucht sie die Schwestern, zu beten, damit die Lutheraner Licht bekommen und ihren Irrweg sehen mögen.

Eine große Stütze für die Kirche in den schwierigen Momenten sind für Teresa die Theologen und die Prediger, für die die Schwestern ebenfalls beten sollen, sie sind ja das Licht der Kirche. In der *Autobiographie* lesen wir: *Wir sollten ständig für jene beten, die uns Licht bringen.* (V 13,21) Und in *Weg der Vollkommenheit* schreibt Teresa: *Gott soll denen beistehen, die für die Kirche arbeiten.* (C 1,3)

Gebet für die Kirche

In ihren Schriften – *Autobiographie, Weg der Vollkommenheit, Seelenburg* und *Klostergründungen* – spricht Teresa nicht nur zu Menschen, sondern oft zu Gott. Wiederholt betet sie für die Kirche, die in ihren Augen eine sehr harte Zeit durchmacht: *O Herr, wie konnte ich es wagen, diese Bitte im Namen aller auszusprechen? Hab Mitleid mit so vielen Seelen, die verlorengehen, und steh deiner Kirche bei! Lass nicht zu, Herr, dass die Christenheit noch größeren Schaden leidet! Sende jetzt Licht in diese Finsternisse!* (C 1,9)

Die Kirche macht eine Etappe der Dunkelheit durch. Im Finstern kann man leicht in eine falsche Richtung gehen: *Laß nicht zu, Herr, daß die Christenheit noch größeren Schaden leidet! Sende jetzt Licht in diese Finsternisse!* (C 3,9) Der Mund bringt hervor, was unser Herz erfüllt. Immer wieder entdecken wir in den Schriften Teresas kurze Gebete, die sie an Gott richtet und die uns ihren tiefen Schmerz vor Augen führen: *Komm, Herr, mach endlich, dass sich dieses Meer beruhigt; lass das Schiff der Kirche nicht immerfort diesen Stürmen ausgesetzt bleiben, und rette uns, mein Herr, denn wir gehen zugrunde!* (CV 62,5) Stürme und unruhiges Meer bedeuten Gefahr. Nur der Herr kann ein Machtwort sprechen, sodass das Meer ihm gehorcht und das Schiff der Kirche der Gefahr unterzugehen nicht ausgeliefert ist.

Langsam erlebt Teresa die Härte dessen, was sie ihren Schwestern eines Tages geschrieben hat: *Die Welt steht in Flammen [...] denn sie erheben tausend Anklagen gegen ihn und wollen seine Kirche zu Boden stürzen. Nein, meine Schwestern, es ist jetzt nicht die Zeit, mit Gott über Nebensächliches zu sprechen.* (C 1,5)

Korrespondenz

Schreiben ist ein Weg, der Teresa offensteht, als Ventil, als Netz, um Menschen für die Sache Jesu zu gewinnen, oder als Plattform, um um Hilfe zu bitten. Ihre Liebe zur Kirche gibt ihr Kraft und Mut, wichtigen Persönlichkeiten ihrer Zeit zu schreiben. Sie hat sich vorgenommen, dieses Wenige zu tun, das ihr möglich ist.

Wer kann aber der Kirche in dieser heiklen Situation helfen, ist die Frage, die Teresa beschäftigt. Sie pflegt bereits den Kontakt mit großen Theologen und einigen Bischöfen. Sie wagt es, König Philipp II. zu schreiben, da er ein großer Förderer des Ordenslebens ist und dem Karmel bereits einige Male geholfen hat. Ihm schreibt sie am 11. Juni 1573: *Ich glaube, dass Euer Majestät bekannt ist, mit welcher Bemühung ich in meinen armseligen Gebeten Eure Majestät unserem Herrn empfehle [...]* (CT 55,2) Philipp II., Verteidiger und Helfer der Kirche, schenkt Teresa Trost und Zuversicht inmitten dieser Stürme. Sie glaubt, in dem König einen Fels gefunden zu haben, der der Kirche Halt geben kann. In weiteren Briefen wiederholt sie die Dankbarkeit ihm gegenüber und unterstreicht, dass die Schwestern für ihn beten: Gebet für die Verteidiger der Kirche und für jene, die der Kirche Licht bringen.

Mutig auftreten

Teresa ist ein Mensch mit starken Emotionen, offen für die Menschen und offen für Gott. Ihre Bereitschaft, eine gehorsame Tochter der Kirche zu sein, hindert sie aber nicht daran, ihre Schwestern auf Fehlhaltungen und ungesunde Akzente der kirchlichen Autorität aufmerksam zu machen. Mit großer Überzeugung verteidigt sie etwa den Wert des Gebetes, sowohl des mündlichen als auch des meditativen, wie wir bereits eingangs gesehen haben und wie sie auch in *Weg der Vollkommenheit* schreibt: *Damit ihr nicht glaubt, dass man wenig davon profitieren kann, wenn man richtig mündlich betet, sage ich euch, dass es leicht möglich ist, dass der Herr euch zu hoher Kontemplation emporheben kann, wenn ihr gerade das Vaterunser betet.* (C 25,1) Mutig distanziert sich Teresa von manchen Theologen, die die Meinung vertreten, es genüge – um mündlich zu beten – die Worte auszusprechen: *Ich muss immer meditatives und mündliches Gebet verbinden.* (C 22,3)

Man braucht viel innere Freiheit, um in der Gesellschaft und in der Kirche das Wort zu erheben, wenn die offizielle Meinung anders klingt als die eigene. Es ist nicht leicht, sich zu seiner Überzeugung öffentlich zu bekennen, ohne andere Meinungen abzuwerten. Wer aber erfahren hat, dass die Wege Gottes verschieden sind, kann dies auch laut sagen und sich dazu bekennen.

In einer Zeit, in der das meditative Gebet den Frauen nicht offensteht, findet Teresa sehr deutliche Worte: *Es geht mir hier nicht darum, wie weit ein jeder meditativ oder mündlich beten soll; euch sage ich, dass ihr das eine wie das andere tun müsst. Das ist die Pflicht der Ordensleute. Sollte euch jemand sagen, dies sei gefährlich, so haltet ihn für die Gefahr in Person und meidet ihn! Vergesst dies nicht, denn vielleicht werdet ihr diesen Rat einmal brauchen.*

Macht euch also frei von all diesen Ängsten, Schwestern! Legt bei solchen Dingen niemals Gewicht auf die allgemeine Meinung! Bedenkt, dass wir nicht in einer Zeit leben, in der ihr allen glauben könnt, sondern nur denen, die ihr dem Leben Christi entsprechend leben seht. (C 21)

Man kann nicht jedem Glauben schenken, formuliert Teresa. Was haben manche Theologen und Vertreter der Inquisition sich beim Lesen dieser Zeilen gedacht? Sie behaupten nämlich – wie wir bereits gelesen haben –, dass die Frauen nur mündlich beten dürfen. In so einer Situation den Weg des meditativen Gebetes zu gehen, verlangt viel Entschlossenheit und Mut. *Lasst euch von niemandem täuschen, der euch einen anderen Weg zeigt.* (C 21,6)

Tochter der Kirche

Immer wieder unterstreicht Teresa den Gedanken, den wir auch bereits aus dem Vorwort der *Seelenburg* kennen: In allem, was sie schreibt, will sich Teresa dem unterordnen, was die katholische Kirche lehrt. Sie verspricht, in ihr zu leben und zu sterben. *Sollte ich etwas sagen, was nicht dem Glauben der heiligen römisch-katholischen Kirche entspricht, so geschieht es aus Unwissenheit und nicht aus böser Absicht. Dessen kann man so gewiß sein, wie es sicher ist, dass ich durch Gottes Güte ihr immer ergeben bin und es sein werde und es stets gewesen bin.* (MV 20)

Im Verlauf ihres Lebens, einer Zeit tiefer Beziehung zu Gott, zugleich aber voll von Konflikten und Machtspielen, sucht Teresa die Unterstützung von angesehenen Theologen, die ihr mit ihrem Wissen und ihrer religiösen Erfahrung zur Seite stehen. Geistliche Begleitung soll eine Stütze auf dem Weg sein, bisweilen wird sie aber zum Hindernis. Teresa ist sehr dankbar für das Licht, das ihr einige Beichtväter in sehr schwierigen Momenten des Lebens gegeben haben: Franz Borja, Petrus von Alcántara und Johannes vom Kreuz gehören, wie wir gesehen haben, unter anderen zur Gruppe dieser wertvollen und kompetenten Begleiter. Von mystischen Phänomenen überrascht, sucht Teresa stets den Rat der offiziellen Kirche.

Manche Priester jedoch sind ganz einfach überfordert mit diesen Erfahrungen Teresas, die sie als *Werk des*

Teufels (V 19,19) bezeichnen. Sie können nicht verstehen, dass Gott solche Gnaden einem Menschen schenken kann, der nicht heilig ist. Mystische Gnaden sind aber kein Zeichen der religiösen Auszeichnung für besondere Verdienste, sondern ein Geschenk Gottes. Teresa ist davon überzeugt, dass Gott manchmal solche Gnaden bestimmten Menschen schenkt, um sie auf ihn aufmerksam zu machen. *Die größte Vollkommenheit besteht weder in inneren Gnaden noch in großen Ekstasen, weder in Visionen noch im Geist der Weissagung [...]* (F 5,10)

Die Folge dieser priesterlichen Beurteilung ist häufig nicht Klarheit, sondern Dunkelheit, obwohl Teresa dieser Antwort keinen Glauben schenken kann. In ihrem Inneren hört sie die Stimme des Herrn, der ihr sagt: *[...] ich solle mich nicht fürchten und diese Gnade höher schätzen als alle anderen, die er mir schon erwiesen hatte, denn durch diesen Schmerz würde die Seele geläutert; und zwar würde sie wie das Gold im Schmelzofen bearbeitet.* (V 20,16) Worte des Herrn haben eine andere Kraft als Worte der Menschen, doch der Gedanke an die Inquisition ist für Teresa in dieser Situation nicht leicht abzuschütteln. Eine weitere Passage aus der *Autobiographie* verrät daher auch, dass Teresa sich nicht so sehr vor dem Teufel fürchtet, sondern vielmehr vor den Priestern, die Angst vor dem Teufel haben: *Ich habe mehr Angst vor denen, die soviel Angst vor dem Bösen haben, als vor ihm selbst, denn der kann mir nichts anhaben, während diese viel Unruhe stiften, erst recht, wenn es Beichtväter sind.* (V 25,22)

Enttäuschende Erfahrungen haben der Mystikerin gezeigt, dass Klugheit, theologisches Wissen und religiöse Erfahrung wichtige Voraussetzungen für die geistliche Begleitung sind.

Liebe zur Kirche

Vieles erlebt Teresa in der Kirche als Frau, die betet, mystisch begnadet ist, Bücher schreibt und Klöster gründet. Es kommt zu Konflikten, die nicht so sehr doktrinärer oder dogmatischer, sondern eher disziplinärer Natur sind. Aus ihrer Glaubenshaltung heraus sucht Teresa Wege, die ihr offenstehen, um in dieser Kirche nicht nur zu bestehen, sondern ihr vielmehr auch zu helfen. Sie weiß sich berufen, zur Sendung der Kirche beizutragen, und findet die Antwort, indem sie auf ihrem Platz als Ordensfrau den Forderungen des Glaubens zu entsprechen versucht. Einige Schritte und Passagen aus den Schriften Teresas werden von manchen Autoren einseitig als Protestaktionen beschrieben. Doch ohne den kritischen und manchmal korrektiven Aspekt zu leugnen, sind sie vor allem ein Beitrag zu mehr Glaubwürdigkeit der Kirche:

- die Betonung des Gebetes als Antwort auf die Verweltlichung;
- die Berufung der Frau zum mystischen Gebet als Korrektur einer falschen Meinung in jener Männerkirche, die den Frauen nur das mündliche Gebet zutraut;
- eine Erneuerung des Ordenslebens, um der Kirche zu dienen.

Liebe und Leid gehören oft zusammen. Teresa liebt die Kirche leidenschaftlich; aufgrund dieser Liebe leidet sie leidenschaftlich unter der traurigen Situation ihrer Kirche. Sie glaubt an die Kraft des Geistes. Zu ihrer Überzeugung gehört der Glaube an jenen Gott, der der Kirche immer wieder Impulse gibt, neue Schritte zeigt und Neues entstehen lässt.

Die Liebe zur Kirche gibt Teresa Kraft, mit der Vergangenheit richtig umzugehen und so die Gegenwart zu bewältigen – inmitten von Konflikten und nicht selten Drohungen. Der Herr schenkt ihr Hoffnung – und von dieser Hoffnung getragen setzt sie sich für die Zukunft der Kirche ein.

Teresas Beispiel

Zahlreich sind die Texte, in denen wir die beispielhafte Haltung Teresas erkennen. Einige Stellen aus dem Buch *Klostergründungen* können uns helfen, die Situation der Kirche nicht von außen, sondern von innen zu sehen. Die Worte Teresas können sich ursprünglich an Ordensleute gerichtet haben, die verbittert, enttäuscht, ratlos waren oder darunter gelitten haben, dass sie in ihrem Orden viel Negatives gesehen haben. Diese Worte gelten aber auch all jenen, die heute verbittert oder enttäuscht sind und unter den Schattenseiten oder kranken Stellen der Kirche leiden: Die Ursachen von negativen Gegebenheiten dürfe man nicht einfach in der jeweiligen Zeit suchen, denn *für Gott ist jede Zeit günstig, seine Gnade zu schenken* (F 4,5).

Besser ist es, sich selbst zu prüfen, um eventuelle Fehlhaltungen korrigieren zu können. Jeder muss immer vor Augen haben, dass er *Grundstein der Nachkommenden ist.* (F 4,6) Denn es ist klar: Die Nachkommenden blicken nicht so sehr auf jene, die vor vielen Jahren gelebt haben, sondern auf jene, die sie vor Augen haben. Wir machen also die Kirche von heute sichtbar. Unsere Unglaubwürdigkeit kann manchen enttäuschen, während unsere Glaubwürdigkeit manche Menschen ermutigen kann. Wenn also jemand den Orden bzw. die Kirche irgendwie in Verfall geraten sieht, *so soll er Sorge tragen, ein fester Grundstein zu werden, auf dem sich das Gebäude wieder erheben kann.* (F 4,7) Diese Sätze Teresas aus dem 4. Kapitel der *Klostergründungen* sind keine bloßen Theorien für Träumer, sondern Zeugnisse einer ehrlichen Frau, die unter der Situation der Kirche viel gelitten und sie trotzdem geliebt hat. Ihre Worte sind der Ausdruck ihrer persönlichen Haltung: *[...] als ich die Schäden sah, beschloss ich dies zu tun, was in meiner Hand war, um der Kirche zu dienen.* (C 1,2)

Man kann diese leidenschaftliche Liebe und Treue Teresas zur Kirche nicht immer leicht verstehen, vor allem wenn man bedenkt, dass es zahlreiche Situationen gab, in denen es für die Heilige das Einfachste gewesen wäre, alles stehen zu lassen und wegzugehen. Für Teresa ist dies aber nicht möglich: Es wäre für sie ein Bruch mit ihrer Religiosität und ihren Christuserfahrungen. Sie hat erfahren, dass Liebe zu Christus die Liebe zur Kirche als seinem Leib beinhaltet. Es wird ihr im Laufe der Jahre immer mehr bewusst, dass Christus leiden-

schaftlich zu lieben bedeutet, sich ganz zu dieser Kirche zu bekennen:
mit ihr zu leiden,
mit ihr zu beten,
mit ihr auf Christus zu schauen
und mit ihr die Freuden zu teilen.

Tochter der Kirche

Zu den letzten Worten Teresas am Sterbebett nach dem Zeugnis von Schwester Anna de San Bartolomé, die ihre Begleiterin in den letzten Jahren war, gehört der Satz: *Sie bedankte sich bei Gott, da sie sich als Tochter der Kirche sah und weil sie als Tochter der Kirche starb.* (Ephem. Carm XXXIII, 56) Dieser ist nicht zufällig gewählt, sondern vielmehr Ausdruck des inneren Anliegens, das sie ihr ganzes Leben im Herzen getragen hat: aus dem Raum der Kirche nicht hinauszugehen. Sie hat viel Kraft und Ausdauer benötigt, um das in ihrem Leben zu verwirklichen:

Sie hat gekämpft, um sich von manchen Ideen und Lehren nicht beeinflussen zu lassen, die an Häresie grenzten.
Sie hat gekämpft, um sich in ihren mystischen Erfahrungen nicht vom Teufel täuschen zu lassen.
Sie hat gekämpft, um sich von unglaubwürdigen Vertretern der Kirche nicht entmutigen zu lassen.
Sie hat gekämpft gegen Verleumdungen und Drohungen.
Sie hat gekämpft gegen Vorurteile und vieles mehr.

Ich sterbe doch als Tochter der Kirche. *Dieser letzte Satz,* schreibt Papst Johannes Paul II. in seinem Brief vom 14. Oktober 1981 an den P. General der Unbeschuhten Karmeliten, *ist das klare Zeugnis einer Spiritualität, in der die Kontemplation Gottes in Christus zu einer liebevollen Kontemplation seiner Kirche wird; in der sich Gott zur Verfügung stellen, sich der Kirche zur Verfügung stellen bedeutet, und in der die Hingabe aus Liebe zu Gott zu einer Ergänzung dessen wird, was dem Leiden Christi für seinen Leib, der die Kirche ist, noch fehlt.* (AAS 73, 692)

Teresa von Ávilas Bekenntnis ist Ausdruck ihrer Befreiung von der Angst, die Richtung zu verlieren, ist Ausdruck der Bestätigung ihrer Bemühung, sich der Kirche in allem unterzuordnen, und ist Ausdruck ihrer Dankbarkeit Gott gegenüber, der sie im ganzen Wirrwarr von Schwierigkeiten und Konflikten nie verlassen hat.

Ihr letzter Satz am Sterbebett besagt, wie sehr Teresa die Kirche geschätzt und verehrt hat, auch mit ihren Schönheitsfehlern, die sie weder übersehen noch negiert hat. Eine Mutter liebt man leidenschaftlich, auch wenn sie Falten im Gesicht hat und ihre Haare grau geworden sind.

Teresa von Ávila
Biographische Daten

28.3.1515	Teresa in Ávila wird als Tochter von Beatriz de Ahumada und Alonso Sanchez de Cepeda geboren. Der Vater war zweimal verheiratet: mit Catalina del Peso hatte er zwei Kinder, nach dem Tod von Catalina (1507) heiratete er (1509) Beatriz de Ahumada, mit der er zehn Kinder hatte.
1528	Tod der Mutter
	Internat bei den Augustinerinnen in Ávila
1534	Gründung der Gesellschaft Jesu
1536	Klostereinkleidung bei den Karmelitinnen der Menschwerdung
1539	Schwere Krankheit und Kuraufenthalt in Becedas
1543	Tod des Vaters
1545–1563	Konzil von Trient
1546	Tod von Martin Luther
1552	Tod des hl. Franz Xaver
1554	Bekehrung von Teresa in der Fastenzeit
1556	Philipp II. wird König von Spanien
1556	Tod des hl. Ignatius von Loyola
1560	Begegnung mit dem hl. Petrus von Alcántara in Toledo

24.8.1562	Gründung des ersten Klosters der Unbeschuhten Karmelitinnen St. José in Ávila
1562	Tod des hl. Petrus von Alcántara
1567	Begegnung mit P. General in Ávila
15.8.1567	Gründung des zweiten Karmelklosters in Medina del Campo
1567	Begegnung mit dem hl. Johannes vom Kreuz in Medina del Campo
1568	Am 1. Adventsonntag findet die Gründung des ersten Männerklosters der Unbeschuhten Karmeliten in Duruelo statt.
1571	Ernennung zur Priorin des Convento de la Encarnación (Klosters der Menschwerdung) in Ávila
4.10.1582	Teresa stirbt in Alba de Tormes. In der Nacht ihres Todes tritt die gregorianische Kalenderreform in Kraft, sodass der nächste Tag der 15. Oktober ist.
24.4.1614	Seligsprechung durch Papst Paul V.
12.3.1622	Heiligsprechung durch Papst Gregor XV.
27.9.1970	Ernennung zur Kirchenlehrerin durch Papst Paul VI.

Gründungsdaten der weiteren Karmelklöster

1568	Malagón
1568	Valladolid
1569	Toledo
1569	Pastrana Schwestern/Patres
1570	Salamanca
1571	Alba de Tormes
1574	Segovia
1575	Beas de Segura
1575	Sevilla
1576	Caravaca
1580	Villanueva de la Jara
1580	Palencia
1581	Soria
1582	Granada
1582	Burgos

Schriften der Teresa von Ávila

Autobiographie (1562–1565)
Weg der Vollkommenheit (1562–1564)
Klostergründungen (1573–1582)
Seelenburg (1577)
Kleinere Schriften: Gedanken zum Hohelied, geistliche
Erfahrungsberichte, Konstitutionen, Gedichte, Briefe …

Abkürzungen und Literatur

Schriften der Teresa von Ávila

C   Weg der Vollkommenheit (Camino de Perfección), hg. v. Karmel St. Josef, Hauenstein, 2. Aufl., Johannes-Verlag Leutesdorf 1993

CE   Weg der Vollkommenheit (Camino de Perfección, Kodex von El Escorial), hg. v. Ulrich Dobhan/Elisabeth Peters, Herder Verlag, Freiburg i. Br. 2003

CT   Cartas, Editorial Monte Carmelo, Burgos 1983

F   Klostergründungen (Libro de las Fundaciones), übersetzt von Antonio Sagardoy/Anneliese Reiter, Verlag Christliche Innerlichkeit, Wien 1998
Vgl. auch: Das Buch der Gründungen (Libro de las Fundaciones), hg. v. Ulrich Dobhan/Elisabeth Peters, Herder Verlag, Freiburg i. Br. 2007

Go   Gott hat mich überwältigt, übertragen von Antonio Sagardoy, 8. Aufl., Verlag Christliche Innerlichkeit, Wien 2010

M   Wohnungen der inneren Burg (Castillo interior o Moradas), hg. v. Ulrich Dobhan/Elisabeth Peters, Herder Verlag, Freiburg i. Br. 2005

MV   Die innere Burg (Castillo interior o Moradas), hg. und übersetzt von Fritz Vogelsang, Diogenes Verlag AG, Zürich 1979

OC   Obras completas, Editorial de Espiritualidad, 2. Aufl., Madrid 1976

R   Relaciones (Die geistlichen Erfahrungsberichte), hg. v. Ulrich Dobhan/Elisabeth Peters, Bd. 3, Gedanken zum Hohelied, Herder Verlag, Freiburg i. Br. 2004

V   Das Buch meines Lebens (Vida), hg. v. Ulrich Dobhan/Elisabeth Peters, 3. Auflage, Herder Verlag, Freiburg i. Br. 2004

Weitere zitierte Literatur

Anmerkung: Zitate aus fremdsprachigen Werken wurden teilweise vom Autor selbst übersetzt.

AAS Acta apostolicae sedis, Commentarium officiale, Volumen 73, Typis Polyglotis Vaticanis, 1981

AAS Acta apostolicae sedis, Commentarium officiale, Volumen 75, Pars I, Typis Polyglotis Vaticanis, 1983

AC   Alonso Cortés, Pleitos de los Cepedas, Boletín de la real Academia española 25, 1946

BMC Biblioteca mística carmelitana, Tomo 17, Burgos 1932–1933

CI   Christliche Innerlichkeit 1982, Zweimonatsschrift für Gebet und gelebtes Christsein, hg. v. Teresianischen Karmel im deutschen Sprachraum, Wien

CTH Domingo A. Fdez. De Mendiola, El Carmelo teresiano en la historia, 1a parte, Teresianum, Roma 2008

DDO Daniel de Pablo Maroto, Dinámica de la oración, Editorial de Espiritualidad, Madrid 1973

DEU Diccionario enciclopédico universal, Editorial Cultural S. A., Madrid 1999

DST Diccionario de Santa Teresa, Editorial Monte Carmelo, 2. Aufl., Burgos 2006

Ephem. Carm Teresianum, Ephemerides Carmeliticae XXXII – Rom 1971

Ephem. Carm Teresianum, Ephemerides Carmeliticae XXXIII – Rom 1982 – I/II

GA   Gott allein, Teresa von Ávila heute, hg. v. Waltraud Herbstrith, Herder Verlag, Freiburg i. Br. 1982

GMW Ulrich Dobhan, Gott – Mensch – Welt in der Sicht Teresas von Ávila, Lang Verlag, Frankfurt am Main, Bern, Las Vegas 1978

HCK Dámaso Zuazua, Historiografía del Carmelo Teresiano, Actas del simposio internacional, Teresianum, Roma 2009

MHCT Monumenta Historica Carmeli Teresiani, Roma 1973

MSD Apostolisches Schreiben Multiformis Sapientia Dei, Acta OCD 12–15, 1967–1970

RML Rafael M. López Melús, Teresa de Jesús, Preparando el V Centenario de su nacimiento, AMACAR – apostolado mariano-carmelita, Onda 2010

TE Teófanes Egido, El linaje judeoconverso de Santa Teresa, Ediciones de Espiritualidad, Madrid 1986

TMP Ildefonso Moriones, Teresa de Jesús, Maestra de perfección, Teresianum, Rom 2012

Weiterführende Literatur

Tomás Álvarez, Santa Teresa y la iglesia, Editorial Monte Carmelo, Burgos 1980

Alberto Barrientos, Dirección, Introducción a la lectura de santa Teresa, Editorial de espiritualidad, Madrid 1978

Ismael Bengoechea, Las Gentes y Teresa, Editorial de espiritualidad, Madrid 1982

Ulrich Dobhan/Elisabeth Peters (Hg.): Schicken Sie mir doch ein paar Täubchen. Briefe, Bd. 1, Herder Verlag, Freiburg i. Br. 2010

Maximiliano Herraiz-García, Beten mit der Hl. Teresa, Herder Verlag, Wien, Freiburg i. Br. 1987

Camillus Lapaw, Teresa von Ávila, Wege nach Innen, Tyrolia Verlag, Innsbruck 1981

Alfonso Ruiz, Anécdotas Teresianas, Editorial Monte Carmelo, Burgos 1981

Antonio Sagardoy, Das Gespräch mit Gott, Verlag Christliche Innerlichkeit, 5. Aufl., Wien 1982

Antonio Sagardoy, Frei machende Mystik, Verlag Christliche Innerlichkeit, Wien 1999

Der Autor

P. ANTONIO SAGARDOY
OCD, in Spanien geboren,
Eintritt in den Karmelorden
1962, Priesterweihe 1969,
Theologiestudium in Wien,
mehrmals Prior und Provinzial
des Karmeliterordens in
Österreich.

Veröffentlichungen über Teresa: *Gott hat mich überwäl-
tigt. Die Selbstbiographie der Heiligen Teresa von Ávila;
Das Gespräch mit Gott; Frei machende Mystik: Teresa von
Ávila, Wenn du beten willst, Beten mit Mund und Herz.
Weiters: Gelegen und ungelegen. Die Lebenshingabe von
Sr. Restituta* (2 Auflagen)